공작새 날다

박현주 수필집

공작새 날다

박현주 수필집

1판 1쇄 인쇄/ 2018년 8월 10일
1판 1쇄 발행/ 2018년 8월 15일

지은이 / 박 현 주
펴낸이 / 우 희 정
펴낸곳 / 도서출판 소소리

등록 / 제300-2007-21호
주소 / 03073 서울 종로구 성균관로 5길 39-16
전화 / 765-5663, 010-4265-5663
e-mail: sosori39@hanmail.net
www.sosori.net

값 12,000 원

*잘못된 책은 바꿔드립니다.

ISBN 979-11-5891-110-2 03810

박현주 수필집

공작새 날다

열매가 있는 나무

무대에서 복면을 쓰고 노래를 합니다. 시청자는 누구일까 추측을 하며 노래를 듣습니다. 가면을 벗고 자신을 밝히는 순간, 의외의 인물일 때는 놀랍기만 합니다. '복면가왕'이란 프로그램에 나온 사람들은 내심 자신이 잊혀질까 봐 알리려는 속내입니다.

내가 글을 쓰게 된 동기는 '복면가왕'에 나온 사람들만큼 특별하지는 않습니다. 투 잡을 하면서 취미로 피아노와 기타를 연주하고, 그림을 그리고, 사진을 찍으며 성당에서는 여러 봉사를 하는 생활에 지칠 무렵. 글을 써 보라는 제안을 받았습니다.

성당에서 수필 문예반이 개설된다는 말을 듣고, '호기심 천국'이라는 별명이 있는 나는 곧바로 등록을 하게 됩니다. 처음에는 호기심이 발동되어 수필을 쓰게 되었지만, 이제 내 마음을 글로 표현하는 것이 오히려 다른 어떤 것보다 재미가 있습니다.

나무에 열매가 열리는 그날을 기다리듯, 초보자가 가볍게 떠오르지 않는 단상을 확대하고, 축소해가며 몰입하느라 머리를 쥐어짭니다. 모든 일이 처음에는 힘들지만, 익숙해지면 수월하듯 글을 쓴다는 것도 지금은 끙끙대기 일쑤입니다. 그러나 나무가 자라듯 조금씩 조금씩 성장하는 것을 느끼며 어느 날인가부터 내 손은 컴퓨터 자판에서 춤을 춥니다.

한 편 한 편 글이 완성될 때, 내 인생의 열매는 풍성해질 것이란 믿음으로, 새롭게 씨앗을 묻고 키우기를 반복합니다. 글과의 만남으로 행복합니다.

2018년 여름

저자 **박현주**

축하와 격려를 담아서

사람은 살아가는 동안 만남을 통해서 인생의 지도가 바뀐다.

나와 박현주는 성당에서 여러 해 동안 문화홍보분과의 일을 같이 했다. 그녀가 다양한 재능을 가졌다는 것을 알기는 했지만, 왠지 에너지를 분산시키고 있다는 생각을 하면서 아까워했다. 그러나 그녀가 늦게 대학원에 진학하여 최우수 논문상을 받고 졸업하는 것을 보고 무엇이든 한번 잡으면 끈질기게 하겠다는 생각이 들어 글쓰기를 권했다.

아무도 손 내밀어 주는 사람이 없는 풍토에서 홀로 선 나는 글 길이 외로웠다. 그래서 기질적으로 나를 닮은 사람을 알아보았으니 글 길을 열어주고 싶었다. 글쓰기 전의 내 모습을 보는 것 같아서 중도에 넘어지지 않게 관심을 두었다. 고맙게도 가족의 응원을 받으며 가는 길이라 늦었지만 새로운 선택에 대해 감사할 것 같다.

나와 박현주가 글을 통해 내적 교감이 이루어지는데 시간이 조금 걸렸다. 그러나 놀랍게도 그녀는 두려움이 없다. 장점이다. 넘어지면서 다시 일어나 달리는 사람이 잘 달릴 수 있지 힘들 때마다 넘어지지 않으려고 쉬는 사람은 발전이 더디다.

함께 성당의 40주년 기념전시회 준비를 같이 하면서 그녀의 아름다운 면모를 발견하였다. 가까이서 보아야 잘 보이는 재주꾼이다. 긍정적인 성향이라 일을 잘 풀어가기도 하고 부지런 하여 타인과의 관계를 원만하게 만드는 독특한 매력이 있다. 무엇이든 10년이 넘으면 강산이 변한다고 하는데 우리의 인연에도 변화가 찾아 왔다.

박현주가 책을 엮는다는 소식을 들으며 기꺼이 축하의 글을 올려주어야겠다는 생각했다. 그동안 다양하게 뻗었던 가지를 쳐내고 어느 정도 인생을 정리하도록 권했다. 안정감을 얻은 다음에 깊게 성찰하고 심미안을 틔워 글쓰기에 전념한다면 그 모든 것은 글감을 풍요롭게 하는 자료가 된다는 것도 강조하였다.

글을 쓰면, 하다가 그만 둔 것에 대해 보상을 받을 수가 있으며 작가가 경험한 것은 작품 속에 다 녹아들게 되어있다. 성실하게 글에 임하고 연구 노력하는 자세로 수고를 아끼지 않는다면 그녀는 다작하는 열정가로 거듭날 것이다. 따뜻한 심성을 담는 데는 무리가 따르지 않는다. 그러나 냉철한 사고로 철학하는 자세를 갖추고 기도를 하면서 글 길을 간다면, 일취월장할 것이다. 글을 쓰고 그림을 그리면서 사도직을 수행하는 구도자가 될 것이다.

누군가의 인생에 보탬이 되도록 손을 잡아준다는 것은 사랑이다. 그 사랑도 받을 줄 알아야 받아 담을 수 있다. 그녀는 담을 줄 안다. 건강에 유념하여 글을 쓰면서 가족이나 사회에 누가 되지 않도록 자기 관리를 해가면서 작가생활을 이어가면 좋을 듯하다. 진실 탐구는 자기 구원에 이르는 행위이므로 문학적 장치와 별개로 요구되는 덕목이다. 충분히 잘할 것이란 믿음으로 기대하고 격려를 보탠다. 내내 건필하기를 기대하며 축하의 메시지를 보낸다.

청숫골 서재에서

늘샘 오정순

▷ 차 례

2. 꼭꼭 숨어라

3. 우산 삼대

4. 청소기와 묵주

1.

공작새 여사

그림을 보면서 선생님은 '공작새 여사'라는 닉네임을 붙여 주었다. 예술 매체의 다양한 것을 즐기고 사는 나는 속으로 마음에 드는 별명이라고 생각했다. 공작새는 생존전략으로 깃털의 둥근 하트 무늬를 자신의 큰 눈으로 인식하게 착시효과를 노린다.

수필과 만나다

사람은 태어나서 사람과 사람 사이에 인연을 맺고, 관계를 형성하고 살아간다. 혜민스님의 말씀처럼 사람과의 연은 억지로 몸부림친다고 이루어지지 않는다. 하루에도 수많은 사람들을 만난다. 누구를 만나든, 무엇과 만나든 좋은 관계로 오랫동안 함께할 수 있었으면 좋겠다. 그런데 나는 소중한 인연을 만났다.

쉰이 넘은 나이에 대학원 공부를 시작하여 졸업할 때 총장상을 받았다. 딸이 결혼을 하고. 둘째 손자와 만나고, 그림과 사진 전시에 참여하였다. 그것에 그치지 않고 우연히 수필과 만났다.

청소년기에 나는 방송국에 엽서와 편지 보내기를 즐겨했다.

언제 내 글이 읽힐까 기다리며 라디오를 끼고 살던 시절이었다. 그런 나를 어머니는 못마땅해 하면서도, 간간이 나에게 미소를 보내주었다. 학교에서 돌아오면 라디오에서 내 이름이 들리고 신청한 음악을 듣는 것이 일과의 시작이었다.

동생이 입원하였을 때, 아파하고 힘들어 하는 모습을 편지에 담아 방송국에 보냈다. 그 슬픈 소식이 전국에 방송되면서, 어떻게 알았는지 우리 집 편지함에는 연일 위로의 편지가 쌓였다. 나는 일일이 답장을 하며 고마움을 표시하였다. 중학교 때부터 그런 방식으로 글쓰기를 좋아했던 것 같다.

어느 날, 아버지가 출장에서 돌아오면서 사다준 생텍쥐페리의 「어린 왕자」와 예쁜 펜도 내게 글을 쓰게 하였다. 그 당시에는 어린 왕자의 내용이 무슨 뜻인지 모르고 몇 번이고 읽다가 환상에 젖어 습작을 시작했다.

한번은 부모님께서 빨리 자라고 하는 바람에 전등을 끄고, 촛불 아래서 이불을 뒤집어쓰고 책을 읽다가 머리카락이 타는 소동을 빚었다.

그리고는 40여 년이 지난 어느 날 성당에서 수필문예반 회원을 모집한다는 소식을 듣고 한달음에 달려갔다. 회원들은 선생님의 강의에 귀를 기울이고, 감동하며, 내일을 꿈꾼다. 몸이 아파서 힘들어 하다가도 수필강의를 들으면 힘이 솟아난다고 한다. 그런 우리를 보고 선생님은 글을 쓸 수 있는 용기를 준다.

나에게는 수필 선생님을 만난 것이 해비*이다. 선생님은 한글만 알면 글을 쓸 수 있다는 희망을 준다. 문학의 본질을 이해하고 솔직한 감정으로 글을 쓸 때 공감대를 형성하며, 수필은 지성과 감성이 어우러졌을 때 감칠맛을 낸다고 한다. 또한 수필은 치유의 힘이 있는 문학이라고 한다.

사진을 찍고 그림을 그리면서, 그것에 자연스럽게 스며드는 글을 써보고 싶다는 생각을 했다. 그때 선생님이 나에게 다가와 잔잔한 가슴에 불을 지펴 섬세하게 내 감정을 건드렸다. 그렇게 해서 표현력이 부족한 나는 수필을 만나게 되었다. 지금은 졸작에 불과하지만, 한 편 한 편 완성할 때마다 나로부터 자유로워진다. 이제부터는 내 삶의 한 부분을 차지하게 될 것 같다.

나의 정신세계는 4차원이라고 남편이 말한다. 복잡한 생각이 뇌를 짓누르고 있다. 무슨 일이든 내가 해야만 되는 것으로 착각하고, 하고 싶은 것도 많다. 이제 그것을 내려놔야겠다. 멈추어야 보이는 것을 알게 해준 인연을 만난 건 행운이다.

(2017. 문학시대)

*해비: 한쪽에서 해가 비추면서 내리는 비

공작새 여사

수필 수업시간에 내면화를 그렸다.

크레파스와 종이를 준비하고 선생님의 지시에 맞추어 몸을 흔들어서 이완시킨다. 심호흡을 하고 명상 중에 나의 내면을 들여다보았다.

지난번 내면화 작업에서 나는 공작새를 그려냈다. 그것이 내재되어 있다가 공작새로 등장하기는 했으나 이번에는 폼새가 달랐다. 정면을 바라보며 날개를 활짝 펼쳐 화려하고 도도함을 보이는 공작새가 아니었다. 부끄러운 듯 옆을 보며 날개를 펼치고 있었다. 공작새는 목걸이를 하고 있었으며 입술이 빨갛다. 선생님이 내면화를 읽어내는데 목이 아픈 사람은 목에 무엇인가를 그려낸다고 했다. 기관지가 좋지 않아서 항상 목을 감싸라는 의사의 처방인데 내면화 그림에는 몸이 아픈 것이며 마음이 아픈 것, 생각이 잘못된 것이 다 드러나서 놀랐다. 날고 싶다.

공작새 밑에는 손주들이 엄지를 치켜세운 그림을 그렸다. 등 뒤에는 부모님이 소리 없이 밀고 있다. 그 소망만으로 공작의 날개가 펼쳐지는 것이 아니라 글이 편편이 지어져야 내게 펼칠 날개가 되는데, 다른 활동에 에너지를 분산하다가 보니 글에 대한 집중력이 떨어진다.

최근 청담수필 2호 발간을 위해 회원들의 작품을 수집하고, 회원 주소록, 사진, 화보를 정리하여 출판사에 넘겼다. 청담수필의 두 번째 책이 발간되는 과정이다. 회원들은 상기되기도 하고, 쑥스러워하기도 하고, 조금씩 흥분되어 있었다. 창간호를 발간할 때와는 조금 다른 모습이었다. 두 번째 작업이라 일의 순서가 편안하게 진행되어가는 느낌이다. 한 번 학습된 것을 두 번 하니 세련되게 잘 진행되고 있다. 창간호 때는 저마다 자신 없다고 하고, 망설이며, 원고 내기를 불편해 했다. 그러나 지금은 원고 수집이 자연스러워졌다. 청담수필 동호회에서는 그동안 4명이 등단을 하여 작가의 대열에 합류했다.

나의 열정과 의욕이 등단을 할 수 있게 되고, 선생님의 응원을 받으며 어지러웠던 마음을 차분하게 진정시켰다. 그러나 심적 부담은 나날이 커졌다.

1차 내면화를 그릴 때는, 내가 막 등단을 한 직후여서 마음이 들떠있는 상태였다. 스스로 재주 많은 원숭이라고 생각했는데, 그림을 보니 나도 모르게 날개를 활짝 핀 공작새를 그리고 있었다.

맛깔스럽고 깊이 있는 문장을 구사하려고 컴퓨터 앞에 앉아있어도 멍하게 천장만 바라보며 시간을 보낸다. 남편은 내가 엄청나게 글을 잘 쓰고 있다고 믿는다. 잠결에 빨리 자라고 하며 새벽까지 고민하는 나의 건강을 걱정한다. 선생님은 응원을 받고 날개를 펼치라고 한다. 도망가지 말라고 한다.

"두려워 말라. 내가 너와 함께 함이라."란 성서말씀을 잡고 마음을 다진다.

그림을 보면서 선생님은 '공작새 여사'라는 닉네임을 붙여주었다. 예술 매체의 다양한 것을 즐기고 사는 나는 속으로 마음에 드는 별명이라고 생각했다. 공작새는 생존전략으로 깃털의 둥근 하트 무늬를 자신의 큰 눈으로 인식하게 착시효과를 노린다. 그 무늬가 실제로 다른 동물에게 위협을 주기 위한 장치이기도 하다. 진정한 능력이 아니라 속임수라서 실제로는 힘을 받지 못하는 새다. 공작새의 날개는 허세의 상징이다. 내 실력은 지금 공작새의 몸뚱이 정도라면, 내 마음은 공작새의 활짝 핀 날개처럼 보여지기를 은근히 희망한다. 글과는 별개로 화장을 정성들여 하고, 옷을 잘 입으며, 말을 다듬어 하는 것도, 좀 더 예쁘게 보이고, 젊게 보이게 하며, 남들보다 멋지게 보이고 싶어서일 것이다. 속일 수 없는 현실이다.

하지만 '위선은 선의 예행연습'이라 한 선생님의 말에 위로를 받으며 좋은 습관이 되도록 반복해서 길들이면 선으로 정착할 것이란 믿음도 가져본다. 의욕만 넘치고 과욕과 가식으로 공작의 날개를 꿈꾸었다가 활짝 펴지 못하게 될까 내심 걱정이 된다.

내 잠재력을 보고 이끌어준 그분과, 그분 위에 하느님이 계신다. 누군가 내 글을 읽고 흉을 보거나, 칭찬을 해도 나는 이 길을 묵묵히 걸어갈 것이다. 내 글이 조금씩 좋아지면, 가족과 지인들에게 박수를 받을 것이다. 공작새의 날개가 펼치지 않은 꿈이라면 나는 초라해서 싫다. 몸피만 늘리면 무슨 소용이 있겠는가, 나는 내 내면을 날개로 표현하고 싶다. 깃털의 눈을 글로 표현하여 완성도를 높이고 싶다.

예전에는 그림을 그리고, 사진을 찍고, 악기를 다루고, 춤을 추고, 부산한 날들을 보냈다. 최근 들어 글을 쓰면서 집중을 할 수 있었다. 여세를 몰아 공작새가 날개를 활짝 펼치는 그날을 위해 노력할 것이다. 그것이 되든 안 되든 내 꿈은 그렇다. 나의 재능이 어디까지인지 모르겠으나, 시작은 절반이라 했다. 꿈을 가지면 이루어진다고 하니 나는 그렇게 노력할 것이다. 하나의 날개가 완성되면 또 하나의 날개를 펼칠 것이다.

희망은 더 나은 내일을 꿈꾸며, 자기 자신을 꽃피운다. 내가 선택한 방향을 향해, 즐거움을 누리며 자유를 찾고 싶은 여정은 이어질 것이다. 내 속에 가득 찬 검은 덩어리들을 글로 써서 비우고, 덜어내는 연습을 한다.

글을 쓰며 맺은 인연들의 인정과 갈채를 받는 것도 은근히 달콤하다. 책을 읽는 것보다 나이가 나이인 만큼 글을 써서 녹이고 비워내는 힘이 더 강하다는 것을 경험한다. 이제 날개를 우아하게 펼쳐서 반원이 되는 모습을 기대하며 나를 지켜본다.

아직은 펼치고 싶은 열망이 더 강하므로 내가 나에게 힘주어 응원한다.

"공작새 여사, 파이팅!"

(2017)

스카프

선생님 전화를 받고 급하게 집을 나섰다. 서두르는 바람에 스카프 두르는 것을 놓쳤다. 교실 의자에 앉기도 전에 기침이 먼저 인사를 한다. 선생님은 얼른 스카프를 풀어 내 목에 감아 주었다. 따뜻했다. 어릴 적에 어머니의 손을 통해 아팠던 배가 싹 나았던 날처럼 그 사랑이 내게 왔다.

요즈음 밤이면 기침을 하다가 호흡곤란까지 일으키는 날들이 거듭되고 있다. 그래서 외출을 하려면, 더운 날씨에도 스카프를 챙겨야 하는데 깜박 잊는 날이 있다. 겨울과 여름을 가리지 않고 기침이 출몰하여 날 물고 늘어진다. 나는 멀리 도망치려 발버둥치고 있다. 그럴수록 점점 가까이 와 있다. 기침이 환절기란 말도 잊은 듯하다.

스카프의 어원은 프랑스어 에스카츠프에서 발전한 에사르

프이다. 기원은 북방민족이 방한용으로 사용한 포제의 목도리라고 한다. 목이나 어깨에 두르거나 걸쳐서 자신을 멋지게 연출하거나, 포근하게 보호하는 역할을 한다. 때로는 비상사태를 알릴 때 쓰이기도 한다. 남성들도 패션의 완성을 위해서 스카프를 이용하여 스타일리쉬하게 하기도 한다.

냉방시설이 지나치게 잘 되는 바람에 여름에도 차를 타거나, 실내에서 에어컨 바람에 노출되어 여름감기에 걸리는 사람이 급증하고 있다. 그러다보니 무더위에도 불구하고 스카프 하나를 챙겨야 하는 어려움이 따른다. 춥지 않은데 스카프를 이용하려다보니 자연스럽게 스타일을 고려하지 않을 수가 없고 반복하여 실험을 하다가보면 러블리하면서 우아한 멋을 풍기는 능력도 자란다. 스카프가 매력의 포인트로 작용하기도 한다. 어느새 스카프는 몸을 지키는 도구가 아니라 멋 부리는 도구가 되어있다. 인류가 존재하는 한, 일기변화가 이 지구에 일어나는 한, 스카프는 많은 사람들에게 변함없는 사랑을 받을 것이다.

또한 프랑스 학교에서는 학생들과 교사에게 종교를 상징하는 도구로 스카프를 착용하는 것을 금지하고 있다. 무슬림 스카프를 착용한 학부모가 학교 출입을 저지당했다는 기사를 읽은 적이 있다.

이렇게 스카프는 패션영역일 수 있고, 종교적 도구일 수도 있으나 생명을 보호하는 도구에서 출발하였다. 다양한 모양으로 연출하면 작은 경비를 들여 멋쟁이로 변신할 수도 있다.

어느 날 사돈을 만났는데 한여름에 스카프를 목에 칭칭 감고 있었다. 알고 보니 햇빛 알레르기가 있어서 목을 감싸고 긴팔 옷을 입어야 한다고 했다. 사돈에게는 스카프가 약이나 다름없는 역할을 한다.

나는 기관지가 약하고 천식기가 있어서 환경이 바뀌면 기침을 심하게 한다. 항상 목을 보호하는 정도를 넘어서 몸을 후덥지근하게 느껴질 정도로 지내라는 게 의사의 처방이다. 그 처방을 무시할 때면 호흡의 질서를 파괴하고 만다. 들숨과 날숨의 조화를 깨뜨려서 들어온 숨이 밖으로 배출이 되지 않아 생명을 위협하게 된다.

나는 건강하게 살기 위해 의사의 처방을 지키고 살기 위해 스카프를 두른다. 나는 목만 보호해야 건강을 유지할 수 있는 게 아니라 마음과 영혼까지도 보살펴야만 하게 생겼다. 종종 영적 기침소리를 들은 선생님은 수필수업을 받아보라고 권유하였고 4년차 수필세계에 들어와 내 안을 정리하게 되었다. 수필교실에서도 첨삭지도를 받으며 영적 기침을 진정시키는데 선생님은 내 영혼의 스카프가 되어준다.

목에 감기고 마음에 감기는 스카프는 나를 포근하게 하는 안식유도제다. 내 생의 진정한 재미와 건강을 보장받는 도구, 스카프를 나는 꼭 챙겨야 할 것 같다.

우리 교실에서 목이 부실하기로 두 번째 가는 선생님은 남들이 별 멋이 없다고 오해를 하거나 말거나 늘 목에 머플러를 두르고 다닌다. 수시로 내어주는 스카프다. 매주 수요일, 물의 날에는 선생님에게서 흘러넘치는 문학과 종교가 희석된 물을 받아 마시며 흔들리는 영혼을 달랜다. 치유는 멋보다 우선이라는 것을 매번 실감한다.

(2017)

원숭이에서 공작새로

"여보, 오늘 우리 조촐하게 막걸리 파티 합시다."

『문학시대』 2017년 신년호 수필부문에서 신인문학상을 받았는데 오늘 그 책이 배달되었다. 퇴근하고 온 남편은 현관에 놓인 박스를 보고 대번에 알아차렸다.

"수고했어요. 밤잠 줄여가며 컴퓨터 앞을 벗어나지 못하더니, 내가 당신의 도전정신은 인정하오."

당선되었다는 소식과 책이 나올 때까지, 내 마음은 구름 위에 떠있는 듯했는데, 책을 보는 순간 가슴이 먹먹하였다. 좋아서인지, 쑥스러워서인지 모를 눈물이 났다. 오늘의 이 묘한 감동을 내 보물창고에 간직하고, 미래를 향해 힘찬 발걸음을 내딛을 참이다.

잠시의 명상을 통해 본 나의 이미지는 '원숭이'였다. 그러나 그 이미지는 이내 공작새로 바뀌었다. 웃지 않을 수 없다.

어릴 때부터 나는 사람들 앞에 나서기를 좋아하고, 노래와 춤을 추며 인기를 독차지하였다. 그것은 나의 트레이드 마크였다. 어른들이 무언가 시키면 꼭 해내고 칭찬을 받아야 했다. 그때부터 무엇을 잘할 수 있는 능력이 조금씩 자랐다. 사람들은 그런 나를 재주가 많은 아이로 기억하고 있다. 아마도 '재주'란 말이 원숭이로 인식되었던 가보다.

원숭이는 순 우리말이다. 십이지를 상징하는 동물 중 9번째이며, 시간으로는 오후 3시에서 5시 사이를 가리킨다. 달(月)로는 7월을 의미한다. 재주가 많은 동물이지만 장수의 상징이기도 하다.

하지만, 잔꾀를 부려 나무에서 떨어지는 경우가 있다. 아랍어에서 유래된 몽키는 몸집이 작고 꼬리가 긴 것을 말한다. 이 나무 저 나무로 날듯이 건너다니는 원숭이나 다양한 분야에 흥미를 느끼고 도전하는 내가 닮긴 닮았다. 특별히 잘 하지도 못하면서 못하는 것도 거의 없다. 무엇에나 호기심이 많고 접근하는데 두려움이 없어서 사는 게 분주하고 하는 일이 많다. 재미없는 일이 거의 없다. 거기다가 거절을 하지 못하는 성미까지 곁들였으니 바쁘지 않을 수가 없다.

남의 부탁을 거절하지 않는 사이에 작으나마 내 능력이 신장되었을 것이다. 호기심이 많아서 새로운 것에 흥미를 느끼면 곧 도전을 한다. 마치 봄바람에 흔들리는 풀꽃처럼 팔랑팔랑하고, 동시에 여러 일을 진행하다가 실수를 하기도 한다.

하지만 그런 나를 곁에서 지켜보고 함께하는 가족들은 나의 이면도 보아주고 인정해준다. 생일날 아들이 내게 보내준 편지에서 나는 눈물을 훔쳤다.

어머니는 한마디로 아름다운 열정을 가지신 분이예요. 우리 아이들에게도 이 영혼의 아름다움을 물려주고 싶은 가족의 위대한 유산입니다. 어머니께 받은 넘치는 사랑이 있었기에 저 역시 타인을 사랑할 줄 아는 사람이 되었어요. 자식 뿐 아니라 주변 사람들에게도 '마더 데레사' 같은 분이예요.

열정은 어머니가 물려주신 가장 소중한 가치입니다. 어머니가 거쳐간 모든 곳에서는 열정이 묻어나요. 무엇보다 배움에 대한 열정은 심장을 더 뜨겁게, 머리는 더 차갑게 하는 것 같아요.

어머니의 긍정은 아직도 제가 실현하지 못하고 있지만 정말 부러운 것이예요.

이렇게 훌륭한 가치를 제게 물려주셔서 감사합니다. 어머니 10년 정도 엄마의 능력을 키우시고, 70부터는 인생의 황금기를 맞이하실 수 있기를 기도할 게요.

마더 데레사 운운하면서 아들이 호들갑을 떨기는 했지만, 세상이 나를 알아주지 않아도 아들이 어머니를 알아준다는 것이 값지다. 아마도 이러저러한 변화에 대한 피드백이 내 안으로 들어오면서 내 마음이 깃털을 펼친 공작새로 인식되었는가 보다. 놀라고 들킨 것처럼 부끄러웠지만, 공작새가 깃털을 접는 것처럼 하나하나의 색스러운 감정이 이내 기억 안으로 들어가고 말 것이기에 걱정할 것은 없다고 본다.

본디 공작새는 지금과 같이 화려하고 찬란한 색이 아니라 날개의 무늬도 없었고 성격이 순하고 아름다웠다고 전해진다. 소승불교법회가 열리는 장소에서 공작새는 불법을 듣고 싶었으나 많은 인파로 안타까워하고 있었다. 이를 본 부처님이 공작새의 지극한 마음을 보고 불광을 내보내시어 공작새의 꼬리에 떨어지게 하시어 그때부터 공작새의 꼬리는 아름다워졌다는 설이 있다. 공작새는 부처님에게 고마움을 표현하고자 춤으로 표현했고 그것이 중국 다이족의 '공작춤'이라고 전해진다.

이제 나도 슬금슬금 아름다운 깃털의 마음을 글에 담아 '현주춤'을 추어야 할 판이다. 깃털의 각도에 따라 빨강, 파랑, 녹색의 색으로 변하고 밝게, 또는 어둡게 색상이 변해서 독자의 마음을 사로잡아야할 텐데….

이탈리아 사람들은 공작새를 처음보고 천사의 깃털, 악마의 목소리, 도둑의 지혜를 지닌 새라고 묘사했다. 알렉산드로는 공작새의 화려함에 사냥할 생각마저 잊고 말았다는 이야기도 있다.

신들의 왕 제우스는 사람인 '이오'와 바람을 피운다. '이오'를 암소로 변신시켜 아내인 헤라에게 들키지 않으려고 한다. 이를 눈치 챈 헤라는 눈이 100개나 달린 아르고스에게 감시를 시킨다. 그러나 제우스는 전령의 신인 헤르메스에게 이오를 구출하라고 한다. 헤르메스는 파리로 아르고스를 잠들게 하고 아르고스를 죽인다. 헤라는 아르고스를 불쌍하게 여겨 그녀가 좋아하는 공작새의 날개에 눈을 붙였다는 신화도 있다.

잔재주가 많은 원숭이 꼬리에 공작새의 화려함이 덧입혀져 괴물 캐릭터가 되기 전에 남편이 따라주는 막걸리 한 잔 마시고 속 차려야 할 것 같다. 며느리가 선물로 사준 운동화를 신고 문학기행 떠날 생각을 하니 마음은 이미 봄날이다.

글은 안에서 나오는 것이므로 나는 본래의 공작새형이었을 것이나, 글밭에서 맺은 좋은 인연들이 나에게 하나하나의 깃털이 되어서 색스럽고 아름다운 모양을 갖추게 되었을 것이다. 축하와 인정의 박수가 고맙고 변화를 곱게 수용해주는 정도 달다. 지금까지 없었던 일을 시작하니 그 자리가 확실하게 내 자리가 되어 깃털을 활짝 펴는 날까지 꿈꾸며 가리라. 아들의 응원가를 들으며 수필가의 행진을 시작한다.

(2017. 문학시대)

손

어머니의 손은 항상 분주했다. 부엌의 그릇들은 빛이 났고, 예쁜 그릇에는 맛있는 음식이 담겼다. 옷장에는 다림질이 된 옷들이 정돈되어 있었다. 나는 어머니가 손질해 놓은 옷을 입을 때, 옷이 손에 닿을 때 어머니의 손길을 느낄 수 있어 행복했다.

어머니뿐 아니라 모든 사람들의 손에는 각자의 삶이 스며 있다. 성당 마당에서 촛불 켜고 기도하는 손주의 사랑스러운 손, 어깨를 주물러 주는 손녀의 앙증맞은 손, 맛있는 음식을 만드는 어머니의 손, 컴퓨터 좌판을 열심히 두드리며 글 쓰는 나의 손, 거친 인부의 손, 병을 치료하고 수술하는 의사의 손, 가늘고 예쁜 손 등 다양하다.

결혼식장에서 내가 잡은 아버지의 손을 놓지 않으려고 꽉 잡았을 때 느꼈던 감촉을 아직도 잊을 수가 없다. 아버지도 나의 손을 꽉 잡아 주었다. 그 손은 아쉬움이 눈물처럼 맺혀 촉촉했다.

나는 손에 콤플렉스가 있다. 어려서부터 내 손은 뻣뻣하고 주름이 많고, 손바닥은 거칠며 여름에도 손이 차갑다. 그래서 사람들과 악수하기를 꺼려했다. 나의 손을 만져본 사람들은 의아해 했다. 얼굴피부도 곱고, 다리도 곱고 예쁜데, 손은 농사짓다 온 사람보다 못하다며 장난스런 말을 하곤 했다.

나는 손을 감추려고 항상 주머니 속에 손을 넣고 다녔다. 여름에 장갑을 끼고 다닌 적도 있었다. 그러나 그것도 한동안 하니 덥고 힘들어서 그냥 손을 내놓고 다녔다. 그러자 친구나 지인들은 내 손을 가지고 어쩌구 저쩌구 말도 많았다. 이젠 내가 먼저 손을 언급한다.

물론 시부모님과 30여 년 사는 동안 부모님의 생신은 내 손으로 음식을 하여 친지를 초대하곤 했다. 시아버지가 담낭암으로 고생할 때 내 손으로 주사를 놓았다. 그럴 때면 시아버지는 며느리인 내가 주사 놓게 된 것을 씁쓸해했다. 시어머니는 8년 동안 일어서지 못하고 있었다. 시어머니를 목욕시키고, 기저귀를 갈고, 여기저기 묻은 배설물을 치운 것도 내 손이었다.

손에는 여러 가지 감정이 담겨져 있다. 결혼식장에서 사위에게 딸을 넘기고 싶지 않은 아버지의 촉촉한 손에는 사랑이 담겨 있었다. 어머니의 손은 향기 나는 음식 맛으로 남아있다.

시아버지는 3개월의 시한부 암 선고를 받았다. 나는 신부님이 대세를 주셔야만 한다고 억지를 써서 대세준비를 했다. 시아버지는 철저히 유교를 신봉하는 분이셨다. 그런 아버지를 설득했다. 신부님은 홍은동에서 경희대 병원까지 찾아 오셔서 시아버지에게 요셉이라는 세례명을 주셨다. 서서히 식사량이 줄고 앙상히 마른 엉덩이에 며느리의 주사를 맞으시다 한 달 만에 소천했다. 깔끔한 시어머니는 기저귀를 며느리가 오기 전에 치운다고 기어서 화장실로 가는 도중 온 집안에 배설물을 묻혀놓았다. 나는 어머니를 반짝 안아 욕실에 앉히고, 집안을 치우며 어머니를 목욕 시키고는 했다. 이래저래 내 손은 욕구불만이었을 것이다.

성당에서 반장을 하고 있던 나는 욕구불만이 터질 듯하던 어느 날, 구역장과 다른 반장에게 클럽에 가자고 꼬드겼다. 남편에게는 노래방 간다고 하고, 클럽에 갔다. 그곳에서 블루스 타임에 어떤 남자가 춤을 추자고 했다. 나는 쑥스럽지만 용기를 냈다. 그때 그 남자가 내 손을 만져보고 골프를 많이 치나며 싱글정도 되는 것 같다고 우스갯소리를 했다. 나는 얼른 손을 빼고 자리에 돌아왔다.

돌이켜보니 그때 그 사건은 가슴이 터져버릴 것 같은 나를 진정시켰던 것 같다. 그때는 내숭 떠느라 남편에게 말을 하지 않았지만, 지나고 나니 그렇게 하길 잘했다.

시아버지의 병수발과 직장을 다니며 시어머니를 간병하는 동안, 고통스러워도 나한테 병이 오거나 나쁜 감정이 남아 있지 않아서 나름의 희열을 느끼기기도 했다.

아파트 상가에 네일숍이 생겼다. 내 손으로부터 시선을 떼어내기 위해서 손톱을 강조하기로 했다. 어느 날 속상해서 밖으로 나왔다. 아무 생각 없이 네일숍으로 가서 손톱에 아트를 했다. 그러고 나니 기분전환이 되었다. 절기나 내 기분에 따라 내 손톱은 화려하기도 하고, 우울하게도 변화한다. 나는 피곤하고 기분이 꿀꿀하면 시간을 쪼개어 네일숍으로 향한다. 손을 예쁘게 바꿀 수는 없지만, 손톱에 변화를 주면서 욕구를 해소한다.

남들은 욕구불만이 있으면, 먹는 걸로 해소하거나, 머리를 자른다고 한다. 나는 불안하고, 욕구불만이 생기면 손톱을 물어뜯는 습관이 있었다. 네일숍이 생기면서 손톱에 다양한 색깔과 모양을 그리며, 변화를 즐긴다. 그러는 가운데 내 마음에 불안함과 불편함이 스르르 녹아내리는 것을 느낄 수 있다. 손끝에 시선을 모으고 한참 들여다보고 있으면 안정감을 느낀다.

지금은 네일아트를 하는 시간보다 더 할애하는 일이 있다. 어쩌다 만난 글쓰기와 그림그리기가 있다. 글쓰기는 내 인생의 터닝 포인트가 되어 주었다. 미처 알아내지 못한 나의 재능을 펼칠 수 있게 무대를 마련해 준 선생님과의 만남에서 시작되었다. 나는 내 거친 손으로 빛나는 글을 쓰고 싶다. 언젠지 모를 그날까지 계속 쓰고 또 쓸 것이다.

이제는 타인의 눈을 의식하고 싶지 않다. 못생긴 손이지만 한 편 한 편의 수필을 쓰면서, 아름답게 보이기를 소망한다.

(2018)

연탄재와 노란 장미 한 송이

5년 전쯤에 덕수궁으로 출사를 나갔다. 사진의 색채가 좋은 해질 무렵에 덕수궁에서 사진을 찍었다, 저녁을 먹고 또 청계천 야경도 찍었다. 카메라를 장시간 노출시켜 2시간 만에 건물 사이로 구름이 지나가는 만화 같은 배경과 수면에 불빛이 반짝이는 멋진 사진을 얻었다.

그 후 수필동호회 문우들과의 봄 문학기행으로 덕수궁 나들이를 갔다. 덕수궁 미술관에서는 '예술이 자유가 될 때: 이집트 초현실주의자들'을 전시하고 있었다. 이집트 초현실주의 시작은 프랑스에서 제1차 세계대전의 비극을 겪은 예술가들이 현실을 초월하고, 자유에 대한 강압에 저항하고자 하는데 뿌리를 두고 있다. 현실에서 보기 어려운 작품들이었다. 작품의 특징은 당대 사회문제에 집중하고, 사회 비판적인 시각을 작품으로 반영했다. 초현실주의는 원래 있던 사물을 변형시키지 않고 그 모습 그대로인데, 위치를 변동시켜서 낯선 느낌이었다. 현실에서 대비적인 요소와 표정과 인물인데 끔찍한 장면을 대치시켜서 묘한 분위기를 창출했다. 아무 생각 없이 스쳐 지나치는 장면도 작가의 눈에 비쳐지면 통찰력과 그 시대의 사회, 문화를 엿볼 수 있어서 나는 전시장을 찾는다.

궁에서 나와 덕수궁 돌담길을 걸었다. 누군가가 연탄재에 노란 장미 한 송이를 꽂아 놓고, '뜨거울 때 꽃이 핀다'라는 문구를 써 놓았다. 처음엔 신선하고 멋지게 보였다.

집에 와서 찍어온 사진을 한참 동안 들여다봤다. 아마도 재와 같은 세상을 새 대통령이 장미꽃처럼 피어나 국정을 바르게 하기를 원해서인가. 아니면 세월호의 희생된 학생들을 생각했을까.

나는 아름다운 장미를 물과 공기, 햇빛이 아닌 연탄재에 꽂았다는 것이 마음에 들지 않았다. 인위적으로 꾸며놓은 듯해서 마음이 동하지 않았다.

연탄재에 아직 마르지 않은 장미 꽃송이를 꽂아 꽃을 피우려고 하면, 곧 시들어 버리고 말 것이다. 꽃의 생명을 연장하려면 물을 주고, 햇빛을 보게 하면 아름다운 꽃을 오랫동안 볼 수 있을 텐데….

필경 작가의 설치물 같아 누구의 작품인지 궁금하여 찾아봤다. 설치미술 아티스트 이효열이었다. '사람과 가장 가까이에 있는 예술가'가 그 작가의 모토라고 한다. 작가는 미술관이 아닌 거리에서, 미술관 앞, 노량진 고시촌, 성남시청 광장, 평화의 소녀상 앞, 촛불시위 등 여러 곳에 설치를 했다. 그는 옷을 차려 입고 미술관에 가는 것만 예술이 아니고 동네에서 슬리퍼를 신고, 라면 사러 나가는 길에 만나는 예술도 장소만 다를 뿐 같은 예술이라고 말한다.

신혼 시절 잠깐 연탄을 사용한 적이 있다. 연탄불 갈기가 익숙하지 않았던 나는 자주 연탄불을 꺼뜨렸다. 내게 연탄은 난방용과 조리용이 전부였다. 요즘 어느 음식점에서는 연탄불에 고기와 생선을 구워주는 곳이 있다. '불맛'이 한층 음식을 맛있게 한다고 하나 업소가 아닌 일상에서는 멀어진 현상이다.

그러나 저마다 연탄에 대한 투사가 달라서 나와 전혀 다른 느낌을 받고 돌아왔다. 각자 다르게 감상문을 작성하고 의견을 나누어 보면서 새로운 시각으로 보게 되었다. 세상의 모든 사물을 작가와 동일하게 공감하기가 얼마나 어려운 일인가 다시 한 번 생각해 봤다. (2017. 청담수필)

구더기

어젯밤 꿈을 생각하니 여기저기가 가렵고 몸서리 쳐진다. 나는 꿈 해몽을 하려고 인터넷 검색으로 정보를 찾아보았다.

나에게 어떤 메시지를 던지는 사람, 무수히 많은 말을 남기는 사람이 있다. 내가 존경하는 선생님이다. 선생님이 어떤 이유인지는 모르겠지만 내 방에 구더기를 많이 두고 갔다. 방안 전체에 득실거렸다. 그것이 쌓인 층이 이십 센티미터나 된다. 나는 너무 징그럽고 혐오스러워서 없애려고 약을 뿌렸지만 소용이 없었다.

그런데 꿈속에서 한 번만이라도 봤으면 했던 시어머니가 나타나서 그것들을 자루에 담아놓았다. 시어머니를 뵈니 눈물이 나도록 좋았다. 생전에 시어머니는 허리가 굽고 한 쪽 다리는 쓰질 못했는데, 꿈에서 본 어머니는 허리를 곧게 펴고 서 있었다. 어머니를 부르며 다가가려 하는데 어머니는 지인을 불러 밥을 먹이라고 하고는 사라졌다.

꿈 해몽 정보를 찾아보니 구더기는 재물, 횡재, 돈, 먹을 것들을 상징한다고 해서 복권을 만원어치 샀다.

돌아가신 어머니가 나타나는 꿈은 우환이나 사고에 대한 경고의 꿈이므로 매사에 주의하라는 것이다.

꿈에서 선생님이 말하려는 것은 무엇일까 궁금해서 선생님에게 전화를 했다. 선생님이 꿈은 의미를 어떻게 부여하는가에 따라 다양한 해석이 나온다고 했다. 옛날에는 똥 꿈을 꾸면 돈이 생긴다고 하지만, 요즘 화장실은 수세식 화장실이라서 똥이 보이지도 않아서 그렇게 꿈을 해석하지 않는다고 한다.

내가 구더기 꿈을 꾼 것은 말을 뜻하는 것이라고 한다. 무수히 많은 말을 해주는 선생님, 그것을 들으려고 늦은 밤 피곤한 몸으로 강의를 듣는 나. 나의 생각이 꿈에서 상징으로 나타난 것인가 보다.

중학교 다닐 때의 일이다. 학교에서 연극반 오디션이 있었다. 난 연극반 오디션을 보기 전날 꿈을 꾸었다. 많은 벌레들이 우글거리는 꿈이었다. 그 꿈을 꾸고 오디션에 합격하여 무대에 올라 연극을 했다. 그 일로 인하여 난 배우가 되고 싶은 꿈을 꾸었다.

만능 탤런트가 되기 위해서 기타를 배우고, 거울 앞에서 큰소리로 책을 읽어보고, 연기도 해보고, 노래를 하며 꿈을 키웠다. ○○선발대회, 탤런트 시험, 성우 시험 등을 봤지만 언제나 낙방의 고배를 마셨다.

그 꿈을 이루어준 것은 딸이었다. 딸이 예고를 간다고 했을 때 아낌없는 성원을 보냈다. 지금은 결혼하여 예쁜 아이를 낳아서 잠시 쉬고 있지만 다시 시작한다면 용기나 의욕을 북돋워줄 것이다.

지금 나의 무의식 세계에는 자라지 않은 글들이 잘 다듬어지기를 바라는 마음인가 보다. 아직 미완성이지만 내게 들려주는 그 말들은 꿈속에서 본 구더기처럼 우글우글 들끓어서 언젠가는 날개를 달고 세상 밖으로 나아갈 것이다.

(2016. 청담수필)

초록색 펜던트

수필반의 두 번째 열매를 맺고 출판기념회를 준비하는 내내 흥분되어 있었다. 식사는 선생님이 칠순을 맞아 음식을 낸다고 했다. 칠십 인생이 행복하다고, 맛있게 먹으면 그게 축하라고 했다.

수필반 회원들과 비밀스레 나누는 이야기 또한 재미있었다. 선생님을 따돌리고 출판기념회와 선생님 칠순을 동시에 준비하자는 이야기이다. 케이크와 꽃다발을 두 개씩 준비하고, 선물을 준비했다. 회원들의 인터뷰를 마치고, 식순을 짜며 선생님의 칠순을 기념하는 축가를 준비했다. 그리고 글을 쓰기 전과 후의 심정을 들어보는 순서도 마련하였다.

막이 오르고 순조로운 진행이 이어지며, 축가를 부르는 동안 선생님의 표정은 이루 말할 수 없이 행복해 보였다. 회원들의 마음을 열어본 결과, 나이가 많아서 그만 다닐까 한 분은 우리의 사랑으로 희망을 가지게 되었다. 신입회원은 자신의 글이 부끄러워서 지인에게 책을 주기가 망설여졌는데, 용기를 내어 주었더니 지인들의 부러움을 샀다고 한다. 도봉구에서 오는 분은 서울 주보를 보고 합류했는데 품위 있고 멋있게 변화되었다. 또 글쓰기가 처방전이 되고, 교만했던 마음이 겸손하게 된 분이 있다. 어떤 회원은 내면을 성형했고, 우리 반의 모범생은 사회에서의 티를 내지 않고 우리 안에서 함께 버무려지고 있다. 장애인 복지관을 다니는 두 분도 건강한 모습을 보니 반가웠다.

행사 후 선생님은 우리에게 받은 선물의 보답으로 선물을 준비했다. 각각의 선물을 포장하였다. 포장한 내용물과 포장이 다르게 되어 있었다. 포장한 모습도 다양하다. 쇼핑백에 담겨진 것이 있고, 예쁜 실크 가방도 있다. 큰 상자, 작은 상자, 여행용 파우치에 담긴 것 등이 있었다. 선생님은 이 수업을 하는 날 결석하지 말라고 했다. 나한테는 무슨 선물이 기다리고 있는지 빨리 보고 싶었다.

교실에 들어서는데 선생님은 준비를 마치고 선물을 번호대로 늘어놓았다. 고르는 순서는 '사다리 타기'로 정했다. 그러나 그것이 정해진 선물은 아니었다. 고른 번호는 다시 본인이 마음에 드는 선물을 고르는 순서로 이어졌다.

나는 3번이었는데 좋은 포장지의 선물을 고르지 않았다. 내가 총무라는 직분 때문이었을까. 볼품없는 여행용 파우치를 골랐다. 내심 겉모습은 초라해도 그 안에 감추어진 것은 보물일 수도 있다는 생각을 한 것 같다. 설마하니 선생님이 다른 선물과 크게 차이를 두지는 않았을 것이라고 믿고 싶었다.

은근히 내용물을 기대하며 풀어봤다. 그 안에서 드러난 것은 초록색의 펜던트였다. 너무도 마음에 드는 선물이었다. 크리스마스트리 장식물 같았다. 육각형 안에 별 모양으로 파진 디자인이었다. 오늘 네일 아트를 하러가서 크리스마스에 어울리게 해 달라고 부탁했다. 내 손톱은 초록과 빨강 트리와 보석의 화려한 손톱이 되었는데 펜던트와 닮았다.

얼마 전만 해도 12월이 되면 캐럴송이 방방곡곡에 울려 퍼졌다. 그러나 요즘은 저작권 문제로 인해 캐럴송은 방송에서만 간간이 들을 수 있다. 거리에 크리스마스트리도 보기가 힘들다. 화려한 불빛과 아름답게 꾸며진 크리스마스트리를 그리워 하다가 내 손톱에서 느껴보기로 하였다.

나의 이런 마음이 통했는지는 모르겠지만, 내가 고른 펜던트가 손톱에서 느끼는 감정과 맞닿았다. 아마도 선생님이 아끼는 물건일 수도 있다는 생각도 들었다. 처음에는 내가 총무이기 때문에 타인에 대한 배려 차원에서 예쁘지 않은 겉모습의 물건을 골랐다. 그러나 더 깊이 들여다보니 내 속마음은 겉과 속이 다를 수 있다는 얄팍한 마음을 들키고 말았다.

결국 난 내 감정에 솔직하지 못했다. 겉모습과 내용물이 다 좋은 것이었으면 하는 마음이 강했다. 이 작업을 하면서 미처 알아내지 못한 내 이중적인 마음을 알게 되었다.

학창 시절 시험기간에 밤새 공부해놓고, 친구들에게는 시험공부 못했다고 엄살떨던 모습이 떠올랐다. 지금도 자신 없는 일이 주어지면 거절을 하지 못하고, 밤새워 공부하며 궁리하고는 마치 예전부터 잘 하던 것처럼 포장을 한다. 그러는 사이 내 몸은 지쳐있다. 타인에게 잘 보이고 싶은 욕구가 심한 것 같다.

그러니까 내가 고른 선물처럼 겉모습은 초라하나 내용물이 좋은 것처럼 사람 속도 알 수는 없지만, 내가 처음 만난 인연 중에 수직관계였던 인연이 있다. 그 사람과 관계형성이 잘 되어서 지금은 버팀목이 되었다. 언제 어디서나 내가 필요할 때는 나를 지켜주는 고마운 인연이다. 또한 인연은 숨어 있는 나의 재능을 키워주며, 성장하게 한다. 처음 만남은 여행용 파우치 같았지만, 만남이 지속될수록 보석인 내용물이다. 그 인연들과 원석을 보석으로 만드는 작업을 계속하고 싶다.

선물의 내용물은 값으로 따지면 비슷하다. 속의 내용물을 볼 수 있는 것도 있고, 보이지 않는 것도 있었다. 선택한 선물이 마음에 들 수도 있고 아닐 수도 있다. 난 겉포장은 허술해도 눈에 보이지 않는 내용물에 대해서 선생님에 대한 믿음이 있었다.

성서에서 믿음은 우리가 바라는 것들의 실상이라고 했다. 선생님은 우리에게 실망을 주지 않았다. 만족한다.

(2017)

김장과 수능

올해도 어김없이 수능한파가 찾아왔다. 수험생 학부모를 긴장케 하는 수학능력고사를 치르는 날이다. 어제부터 매섭게 바람이 불더니 오늘 아침 기온이 뚝 떨어졌다. 창밖의 사람들은 옷깃을 여미고 어깨를 움츠리며 걸어가고 있다.

수능이 생기기 전 예비고사란 제도가 있었다. 나는 마지막 예비고사 세대다. 내가 예비고사를 보러 집을 나설 때도 무척 추웠던 생각이 난다. 떨리는 마음을 진정시키며 하나하나 문제를 풀어 갔지만, 원하는 학교는 갈 수가 없었다.

컴퓨터가 나오기 전 텔렉스가 있었다. 난 텔렉스 자격을 취득하여 무역회사에 취직을 하게 되었다. 하루걸러 야근을 하며 미국지사에 문서를 보내야 했다. 영어가 서툰 나는 야근을 할 때 영어사전을 뒤적이며 진땀을 흘리곤 했다. 그러나 다른 직원들보다 많은 월급을 받으며 행복하게 지냈다. 하지만 입시철만 되면 대학교에 가야 한다는 마음이 나를 짓누르고 있었다.

그러던 중 전문대 유아교육과에 입학하여 전문적인 지식을 쌓아갔다. 졸업하여 어린이집 교사로 근무하게 되었다. 그 어느 때보다 재미있고 활기찬 나날이었다. 그러다가 결혼을 하였다. 며느리와 아내, 엄마로써의 위치에서도 공부에 대한 욕구는 점점 높아만 갔다.

마침내 아이들은 성장하여 취직하고, 시부모는 하늘나라로 가셨다. 그때부터 사이버대학에서 학사를 마치고, 드디어 대학원에 입학하게 되었다. 꿈은 이루어졌다. 아이들에게 학비를 충당케 하고 열심히 공부하여 석사학위를 수료하고, 자랑스럽게 총장상까지 받았다.

지금은 '경원사회복지회'의 강사로 일하고 있다. 주로 장애인 학생들에게 성교육을 강의하고 있다. 그 학생들에게 위로와 희망을 주고, 우리 사회의 일원으로 당당하게 살아가기를 바란다. 하느님께서는 나에게 성장할 수 있는 기회를 주신다. 채우려고만 했던 마음에 비움의 용기가 생긴다.

오늘은 수학능력고사를 치르는 날이다. 예년에 비해 무척이나 추웠다. '참사랑복지회'에서는 불우이웃과 독거노인을 위한 사랑의 김장 나눔 행사가 있었다. 나는 '경원사회복지회' 일원으로 그 행사에 참가했다. H선생은 딸이 시험을 보러 갔는데, 집에 있을 수가 없어서 나왔다. 불우한 이웃과, 독거노인에게 따뜻하게 전해줄 김치를 한 포기 한 포기를 정성스레 담가, 상자에 넣었다.

나는 감사의 마음으로, H선생은 딸을 위해 기도하는 마음으로 김장을 했다. 이 김치를 받아 기뻐할 분들을 생각하니, 올해의 겨울은 훈훈하다. 그리고 김치도 분명 맛이 있을 것이다.

(2014)

옛 친구

나에게는 오래된 친구가 있다. G, H, M, S. 그리고 나. 우리 다섯은 늘 붙어 다녔다. 우리를 보고 친구들은 부러워하기도 하고, 때론 시샘을 하기도 했다. S의 동생이 사고로 사망하자, 그녀의 어머니는 심한 우울증으로 시달리다 이단교에 빠졌다. 그런 어머니를 보고 친구 역시 웃음을 잃어버렸다. 그런 그녀가 여고를 졸업하자 바로 결혼을 했다. 결혼하고 소식이 끊기더니 통 연락이 되지 않았다. M도 결혼하여 얼마 지나지 않아 남편을 먼저 보내고 상처를 받은 탓인지, 우리에게 얼굴을 보이지 않았다. 그동안 나도 잊고 있다가 몇 해 전부터 그녀들이 보고 싶어졌다.

그중에 G와 H는 우여곡절을 겪기는 했지만, 외로울 때나 힘들 때, 즐거울 때 내 곁을 지키는 친구이다. 어느 날 우리

셋이서 오랜만에 만났다. 우리는 만나면 여행을 떠난다. 마음으로 깊이 들어간다.

어릴 적 이야기를 하며 하하 호호 깔깔댄다. 중학교와 고등학교를 같이 다닌 우리는 학교생활의 추억이 많다. H가 학교괴담을 늘어놓으며 너스레를 떤다.

"현주야, 너 영어 선생님을 짝사랑했지. 너 그때 웃겼어. 선생님만 보면 얼굴이 빨개져서 어찌할 바를 모르고…."

이 말이 시작됨에 따라 우리는 한바탕 박장대소를 한다.

영어 선생님은 훤칠한 키에, 오뚝한 콧날, 강하지만 아련한 미소를 지녔다. 항상 깔끔한 룩으로 우리를 반겼다. 그런 선생님은 여학생들의 우상이었다. 난 다른 학생들보다 선생님의 눈에 들기 위해서 영어공부를 열심히 했지만, 수업시간에 발표를 할 때면 심장박동은 요동쳤다. 목소리는 떨려서 입 밖으로 말이 나오지 않아 발표도 못하고 그 자리에 주저앉아 울던 내 모습이 생각난다. 선생님을 좋아하는 마음을 들키지 않으려고 선생님 앞에선 애써 태연한 척하던 그 순수했던 시절을 생각하니 웃음이 난다. 그 선생님은 지금 어떻게 변했을까?

이렇게 성장한 우리는 결혼하여 아이엄마가 되고, 그 아이들이 결혼을 한다고 청첩장이 오간다. 우리가 학교 다닐 때는 쉰 살이면 어르신이라 생각했는데 이제 우리는 예순을 넘겼다. 손자가 태어나고, 성당에서는 신심단체인 레지오와 문화홍보분과에서 성당 행사에 사진으로 기록을 남기고, 사회에서는 사회복지 관련 강의를 하고 있는데도, 오직 이 친구들을 만나면 마냥 어린아이 같은 생각과 행동을 한다. S와 M은 지금 어떻게 살고 있을까? 그녀들이 생각날 때면 우울해진다. 그 친구들이 잘살기를 바라는 마음이다.

우리는 지금도 만나면 철없는 아이들처럼 마냥 즐겁고 행복하다. 친구들과 함께 나눈 대화 속에 공감되는 부분도 있고, 위로와 배려, 또 이해해야할 부분도 있지만 끈끈한 일상의 대화 속에서, 따뜻하고 진심어린 충고를 하는 친구가 있어서 좋다.

창밖의 낙엽은 떨어져 우리들의 이야기만큼 쌓여간다.

해도 해도 다 할 수 없는 이야기보따리를 언제 닫을 줄도 모르고 해가 지는 것도 잊어버린다.

"우리 힘들고 어려운 일이 있어도, 학교 다닐 때 의리를 잊지 말고 살자. 우리의 우정이 슬금슬금 변할 수 있겠지만 꾹꾹 눌러 참고, 영원히 변치 말자던 약속 잊지 말자. 이 순간만은 육십 대가 아니다. 알았지."

G가 말하며 새끼손가락을 내민다.

어느새 밖에는 땅거미가 진다. 헤어지기 싫은 발걸음을 무겁게 옮긴다.

집으로 돌아오는 길, 세월이 흘러도 순수한 마음이 변하지 않기를 기원한다. 그 친구들에게는 친정 같은 포근함이 있고, 노년에 함께해도 질리지 않을 것 같다. 나는 그 친구들과 헤어져 돌아오는 순간 다시 보고 싶어진다.

집 앞이다. 아내고 엄마가 되기 위해서 나는 옷깃을 여민다.

(2017. 청담수필)

체코의 운전기사

체코의 운전기사는 젊고 핸섬했다.

동유럽 발칸 여행 중에 만난 버스 운전기사를 여행 첫날 프랑크푸르트 공항에서 처음 만났다. 우리를 기다리고 있어야 할 버스는 벌써 한 시간째 우리가 기다리고 있었다. 이게 웬일이지.

인솔자는 애타게 전화를 계속하고 있다. 버스 기사는 다른 구역에서 우리를 기다리고 있었던 것이다. 그 기사는 초보 안내자였다. 아직 관광지의 지리에 익숙하지 않은 기사는 첫날부터 속을 부글부글 끓게 했다.

10여 년 전 '홍콩' 여행 중에 들른 보석 상점에서 나는 눈이 휘둥그레졌다. 만져보고, 끼어보고, 걸어보고 하다가 집합

시간을 놓쳐버렸다. 30분의 자유시간이 1시간이 된 줄도 모르고 있다가 사람들이 기다리는 버스에서 얼굴을 들 수가 없었다. 그날 저녁 식사 때 사람들에게 미안함의 표시로 각 테이블에 음료수를 돌리며 거듭 사과를 한 적이 있다.

인간의 부류는 다양하다. 여행할 때 가이드에게 깐죽대는 사람이 있고, 야비하게 가이드를 울리는 사람이 있다. 또한 인솔자에게 팁을 주며 수고한다고 진심으로 대하는 사람이 있다. '장가계' 여행할 때는 야비한 사람이 있었다. 가이드가 젊고 가난한 청년이었다. 그 사람은 가이드에게 식사 때마다 전 테이블에 술을 대접하라고 했다. 나는 그 술을 먹을 자신이 없어서 우리 테이블은 매번 거절을 했다. 상점에 갔다 오면 얼마 벌었냐며 그걸 밝히라는 말도 서슴없이 하곤 했다. 나는 그 사람이 밉고 싫었다. 그런데 그 사람에게 아무 말도 하지 않고 있는 내 자신을 발견했다. 다른 사람들도 그 사람에게 나서지 못하고 뒤에서 수군거릴 뿐이었다. 슬며시 가이드에게 팁을 쥐어주고는 나는 떳떳한 것처럼 행동하고 있었다.

매번 우리를 기다리게 한 버스는 이 무더위에 에어컨이 고장나는 사건이 터졌다. 크로아티아의 작은 마을 스플릿과 트로기르란 곳이었다. 이곳에서는 정비공장이 없어서 큰 도시인 자그레브로 가야만 고칠 수 있다고 한다. 자그레브로 이동하려면 하루를 기다려야 한다.

우린 에어컨이 작동되지 않은 버스에서 땀을 흘리며 연신 부채질을 하고 있었다. 창밖의 아름다운 풍경이 눈에 들어오지가 않게 되자 사람들은 불만을 터트렸다.

우린 인솔자에게 거듭 불만을 말하며 버스를 바꾸든지 빨리 고치든지 하라고 했다. 인솔자는 계속 본사와 전화를 하지만 별 뾰족한 방법이 없다고 했다. '미안하다'는 말 한마디 하지 않고 자신의 입장만 피력하는 여행사측에 분노를 참을 수 없었다. 그렇게 하루 반나절이 지나고 나서 버스는 우리가 자그레브의 도시를 관광하는 중에 고치고 돌아왔다. 천국이 도래하였다.

우리의 조상들은 삼복더위를 어떻게 보냈을까. 에어컨은커녕 선풍기조차 없던 시절의 지혜를 생각해 본다. 더위를 막는 한옥의 구조가 여름철 무더운 날씨에 대비하여 방과 방 사이에 바람이 잘 통하도록 마루를 놓았고, 여름에는 주로 마루에서 음식을 먹거나 잠을 자기도 하였다. 여름옷은 삼베와 모시로 지어 입었다. 통풍이 잘 되어 삼복더위를 이겨냈고, 옷과 옷 사이를 헐렁하게 하여 바람이 잘 통하도록 했다.

또한 단오에는 부채를 선물로 주고받았으며, 죽부인을 안고 잠자리에 들면 대오리로 엮은 대나무의 시원한 촉감이 피부에 닿아도 땀이 나거나 끈적거리지 않아서 편한 잠을 잘 수가 있었다. 등거리라고 하는 물건은 등나무 덩굴을 가늘게 하여 만든 것으로 등에 걸쳐 옷이 살갗에 닿지 않게 하고 바람이 옷 속으로 잘 통하게 하여 시원하게 해 주었다. 음식으로는 삼계탕, 수리취떡, 수단, 밀쌈을 만들어 먹었다.

잠시 에어컨이 되지 않은 버스에서 언성을 높이며 불만을 터트렸던 나는 우리말도 알아듣지 못하는 기사에게 미안한 생각이 들었다. 그도 얼마나 가슴을 조이며 우리에게 많이 미안했을까. 나는 기사에게 'sorry'라고 말하며 환한 미소를 지었다. 젊고 멋진 기사도 'sorry' 하며 미소로 답을 하였다. 이런 찜통 버스의 여행과 익숙지 못한 초보 운전기사가 내 기억에 오래도록 남을 것이다.

(2018. 문학시대)

탐미 여행

나는 특별히 재미없는 일이 없다. 내 집에 사람이 많이 오는 것도 좋고 요리하는 것도 즐겁다. 그런데 아이러니하게도 명절을 앞두고 설레는 마음으로 사람들을 기다렸는데 차례를 지낼 일이 없어지자 서운한 게 아니라 오히려 홀가분하고 좋다. 어디에 숨었다가 나타나는 감정일까. 일하기가 싫은 속내를 들킨 듯 야릇해지지만, 이 기회에 명절을 끼고 여행을 떠나기로 했다. 들떠서 잠도 오지 않았다.

남편과 같이 나는 스페인과 포루투칼 여행을 하게 되었다. 여행 중 나의 패션 취향은 나이를 의식하지 않는 편이다. 선글라스에 워커를 신고 공항 가는 리무진에 몸을 실었다. 어느 옷이나 소화하게 되면 나이가 옷에 맞추어 정해진다. 누가 봐도 넘치거나 부담되지 않는 범위에서 나의 옷 입기는 시작된다. 패션에 민감한 것은 직업에서 시작되었는지, 그래서 그러한 직업을 가지게 되었는지는 모를 일이나, 유행하는 레깅스나 짧은 치마, 화려하거나 빈티지한 것까지 거부감 없이 소화해낸다.

우리 부부는 패션에 관련된 일을 한다. 그 일도 재미있다. 디자이너들과의 미팅은 나의 호기심을 불러일으키고, 상상력을 발휘하게 한다. 요즘처럼 디자인 도안을 컴퓨터로 하지 않고, 추상적으로 말로 설명하던 시절에는 상상력과 추리력으로 머리를 쥐어짜며 골몰하던 때가 있었다. 그것이 컴펌되어 시중에 물건이 나오면 보람은 배가되었다.

이번 여행은 나의 패션 감각을 살려 아름다움을 구현하며 즐기는 시간이 될 것 같다. 옷은 스페인의 기후를 생각하여 겨울과 봄을 넘나드는 것으로 준비하였고, 이너웨어도 얇은 것으로 여러 벌 준비하여 잘 어울리게 입을 것이다. 더욱 좋은 것은 남편과 동행하는 기쁨이다. 의견 차이로 언성을 높이던 때와 아이들이 대학에 입학할 때, 직장에 취직되었을 때, 힘든 일이 잘 풀렸을 때의 기쁨도 있었고, 병석에서 고생하던 부모님의 선종을 보며 안타까웠던 일도 있었다. 이 여행을 통해서 행복한 대화와 소중한 사랑을 확인할 기회가 될 것이다.

14시간의 비행이 끝나고 스페인에 도착하였다.

스페인 땅은 이베리아 반도라고 한다. 이베리아 반도에 최초로 와서 살았던 민족이 이베로족이었으며, 이들은 주로 남부지역에 살았다. 그 이후에 북부지역으로 들어온 민족은 켈트족으로 이베로족과 겔트족은 반도의 중간 부분에서 만나 셀티베로족이란 새로운 종족으로 형성하게 되었다고 한다.

스페인은 가톨릭 국가이다. 예수님의 12제자 중 야고보가 스페인을 전도지역으로 삼았으며, 스페인에서 복음을 전한 후 예루살렘으로 돌아가 처형되었다. 스페인 사람들은 야고보의 시체를 스페인에 데려와 장례를 치르고, 그 무덤을 「산티아고 데 콤포스텔라」라 불렀으며 세계인들이 자주 찾는 성지가 되었다. 이번 여행에서는 가지 못해 아쉬움으로 남는다.

유럽 남서쪽 이베리아 반도에 위치한 정열의 나라, 스페인에서 처음에 간 곳은 옛 수도인 똘레토이다. 중세풍이 물씬 풍기는 도시이다. 엘 그레코가 사랑한 도시, 그의 걸작품 세계 3대 성화 '오르가스 백작의 매장'을 먼저 감상했다. 가톨릭 신자인 엘 그레코는 그리스인이지만 성서의 이야기를 새로운 양식으로 그렸으며, 더 감동적으로 표현할 수 있는 자유를 주었던 스페인에 정착하였다. 가톨릭의 환상적 분위기에서 엘 그레코는 왜곡 변형의 기법을 통해 극적 효과를 창출하고, 자연스럽지 못한 색채를 사용한다. 엘 그레코는 수많은 성화를 그렸다. 그중에 '오르가스 백작의 매장'은 죽음과 장례를 그렸다. 그림은 상층부와 하층부로 나뉘어져 있다. 상층부는 천상의 모습이며, 하층부는 오르가스 백작의 장례식이다. 엘 그레코는 이 그림에서 종교적 교육을 한다. 오르가스 백작은 살아생전 신앙심이 깊고, 교회에 많은 돈과 땅을 기부하고 선행을 베풀었다. 이 그림의 소재는 오르가스 백작의 장례식에 성인들이 마을로 내려와 그를 묻어주는 그림이다. 그 무덤에 성당이 세워지고 '산토 토메'라고 불린다. 엘 그레코가 이 그림을 의뢰받고 준비하는데 9개월이 걸렸다. 이 그림은 완벽한 질서와 균형이 잘 아우러져 조화를 이루고 있다.

마드리드의 프라도 박물관에서 프란시스코 고야의 작품을 감상했다. 고야는 스페인을 대표하는 낭만주의 화가이며 판화가이다. 그는 독창적이고 반인습적이며, 비합리적인 표현을 하는 20세기 표현주의와 초현실주의 화가들에게 큰 영향을 주었다. 역사적인 사건과 왕정의 몰락 등 수차례의 전쟁을 통해 그의 작품에는 사회에 대한 냉소와 권력에 대한 저항의식도 내포되어 있다. 고야는 장기간 투병으로 인해 듣지 못하게 되고, 잔혹한 전쟁을 겪으면서 인간의 신뢰를 상실한다.

그의 연작판화 「전쟁의 참화」는 살육·광기·허무·폭행이 재현되었으며, 그 후 사회비판 판화집 「로스 카프리처(변덕장이)」로 완성되었다. 그는 동판화를 그의 내적 세계뿐만 아니라 당시 사회에 대한 우려와 의심을 표현하는 수단으로 사용되었다.

이번 여행에서 엘 그레코와 고야를 알게 된 것이 큰 수확이다. 수채화를 즐겨 그리는 나는 작가의 그림을 통해 그 시대 사회·경제·문화를 엿볼 수 있어서 흥미를 더했다. 매체를 통해 대중에게 전달되고, 우리는 예술가를 통해서 작가의 개인적인 관점을 엿볼 수 있었다. 엘 그레코가 궁정작가가 되지 못한 것은 개성이 너무 튀어서라고 한다.

나는 그림을 보는 안목은 부족하지만 그의 작품은 결코 평범하지 않다. 그의 작품 속에 인물들의 신체가 정상인보다 길쭉하게 그려져 있는 것을 볼 수가 있었다. 어두운 배경과 창백한 인물들, 비현실적인 색채가 내 마음을 복잡하게 하였다.

고야는 46세에 청각을 잃지만, 사교적인 성격으로 아카데미 회원, 궁정화가를 지냈다. 그는 광범위한 장르의 당대 스페인을 그린 화가이다. 초기에는 밝고 화려한 작품이었으며, 왕족과 상류계층의 초상화를 그렸다. 중병을 앓고, 인간의 잔혹함을 목격한 다음부터 작품은 어두워지고, 악마적인 분위기로, 보기에도 끔찍할 정도로 인간의 광기와 탐욕을 그렸다. 그의 그림을 보고 충격을 감출 수가 없었다. 그러나 인간의 내면에 감추어진 추하고 부정적인 면을 보여주고 있다. 두 화가의 그림 속에서 나는 빠져 나올 수가 없었다. 서울에 돌아가면 그들을 연구하고 싶은 욕망이 솟구쳤다.

우리 부부의 패션 감각을 살려 옷입기를 즐기며 그림 감상을 곁들이니 아름다움과 동행하는 즐거움이 여행의 맛을 더해주었다. 나는 남편의 손을 꼭 잡고 오늘의 감동이 내 삶에 최고의 날이기를 바라며, 이 여행을 주선한 아들, 딸 부부에게 웃음을 선사한다. 결혼 35주년 기념과 아울러 남편의 환갑기념 여행을 하는 나를 관통하는 단어는 '탐미'였다. 햇빛이 좋고 비교적 타인의 시선으로부터 자유로워서 의류 직종의 직업인답게 색스러운 패션을 거부감 없이 즐겼으니 스페인 여행은 두고두고 색채가 곁들인 추억이 될 것이다.

(2017. 문학시대)

2.

꼭꼭 숨어라

내 마음에 말씀의 씨앗이 떨어져 왕성하게 성장하여 부정적인 생각이 자라지 못하도록 한다면 영혼의 신발이 헐겁지 않은 날이 오려나. 나는 요즘 내 발에 꼭 맞는 신발을 신고 은총으로 맞춤한 꽃길을 걸어가는 꿈을 꾼다.

아버지의 냄새

"엄마 할아버지 기일에 윤서 데리고 갈게요."

"어머니 저도 갈게요."

친정아버지 기일에 딸과 며느리가 보낸 문자이다. 큰올케의 짐을 덜어주기 위해 조부모님과 부모님 제사를 아버지 기일에 맞추어 절에서 지낸다. 며느리가 아이들을 어린이집에 보내고 와서 한 시간 정도 늦게 도착했다. 절에서 드리는 제사는 2시간쯤 걸렸다. 참석할 수 있으리라 믿으며 서둘렀는데 가서 보니 벌써 끝났다. 이게 웬일인가. 알아보니 올해부터 불경이 줄었다는 이야기다.

불편한 마음을 접고 법당에 들어갔을 때, 향불내가 코를 자극했다. 강한 향내가 평소 담배를 즐기던 아버지 생각을 나게 했다. 요새 아버지들은 담배를 피우려면 베란다에서 쪼

그리고 앉아서 피우거나 끊는 현상이 있다. 그러나 내가 어릴 적에는 아이들이 옆에 있어도 아무 개념 없이 담배를 피우는 어른들의 모습이 다반사였다. 아버지는 집에 있을 때 주로 바둑을 두며 시간을 보냈다. 아저씨들과 바둑을 둘 때도 방에서 담배를 피웠다. 환기를 시키려고 문을 열어도 벽지에 배어있는 냄새는 어쩔 수 없었다.

세례를 받고, 성당에서 분향하는 것을 보았다. 교회 예절에서 분향은 삶과 죽음을 초월하는 제헌의 신비를 담고 있다. 하느님의 절대권 앞에 분향으로 승복하고 은혜를 간구하는 뜻이다. 축성과 축복의 상징으로 주요한 미사에서 사용한다. 사제는 향로에 불을 피워 흔들어 이곳저곳에 뿌렸다. 이럴 때면 기관지가 약한 나는 기침을 하며, 아버지와 처음 절에 갔을 때 심하게 기침을 했던 생각을 한다. 싫었던 담배 냄새가 아닌 향불내를 아버지의 냄새로 기억하고 있었다.

냄새는 코로 맡을 수 있는 기운을 뜻한다. 사물이나 분위기에서 느껴지는 '낌새'를 의미하기도 한다. 나는 향내를 맡아서 기침을 하고, 평소에 아버지는 지병인 '천식'으로 인해 기침과 호흡곤란으로 힘들어 하던 모습이 생각나서 향내는 곧 아버지로 인식이 되었다.

향내는 내 주변을 맴돌며 나를 자극했다. 위패 앞에서 절을 하고, 부모님 추억을 더듬어 봤다. 부모님을 떠나보낼 때 상실의 슬픔으로 마음이 아파서 견딜 수 없었던 나날들이 떠올라 한동안 가슴이 먹먹했다.

할아버지 기일에, 15개월 된 아이를 데리고 온 딸과 며느리, 그리고 올케가 있어 위로를 받는다. 종교는 다르지만, 형식에 얽매이지 않고 부모님을 추억하는 시간을 가질 수 있어 다행이다.

향내를 뒤로하고 법당을 나서는 길은 축축하게 젖어있었다. 비는 거리에도 내리고 내 마음에도 내리고 있었다.

사람이 사는 한, 종교예절이 사라지지는 않을 것 같다. 향불내나 담배 냄새 또한 내 곁을 맴돌 것 같다. 우리 아버지는 세상의 냄새란 다리를 건너 기억에서 내게로 다가올 것이니 내 곁에서 잊혀지지는 않을 것 같다.

멀어져 가는 향불 연기를 바라보듯 오래된 시간 속에서 빠져나오며 터덜터덜 산길을 내려온다. 잎은 내지 않았어도 푸른 기운이 감도는 청량한 나무 사이를 나와서 먼지와 소음 속으로 들어간다. 산 사람의 현실이니까. 산 속에 있는 아버지의 기침은 멈추었을까.

(2017. 문학시대)

법과 생활

"M고등학교인데요. 선생님 수업 때 아이들에게 간식 사온다고 한 거요, 감사하지만 안 되겠어요."

김영란법은 2015년 3월 27일 제정. 공포되어 2016년 9월 28일부터 시행되었다. 이 법은 '부정청탁 및 금품 등 수수의 금지에 관한 법률'을 제안자의 이름을 따 부르는 말이다.

개인적인 사정으로 조사 시간을 조정해준 것에 고맙다고 사만오천원의 떡을 선물한 것이 문제가 되어 재판을 받게 되는 첫 번째 사례자가 나왔다. 학교에서는 이를 방지하기 위해 전화를 한 것이다.

점점 세상살이가 삭막해지는 것 같아서 씁쓸하다. 고위층에서는 요리조리 법망을 잘도 피한다. 구속이 불가피해지면 휠체어에 마스크를 하고 병원으로 가는 것이 관례처럼 되어 있다.

지금 우리나라에서 벌어지고 있는 최순실 게이트가 세계의 이슈가 되고 있다. 증권가의 찌라시에서는 별의별 소문들이 돌고 있다. 이 비극적인 시나리오는 영화나 드라마였으면 하고 생각을 해본다.

얼마 전에 나는 깜빡하고 세금을 내지 못한 적이 있다. 그런데 압류장이 날아와서 부랴부랴 은행으로 달려갔다. 서민들은 조그마한 것에 가슴을 조이며 살고 있다. 고마운 것에는 자그마한 성의를 표하고 싶은 것도 인지상정이다.

나는 학생들에게 사람은 누구나 행복할 권리가 있음을 강조한다. 태어나서 죽을 때까지의 여정에는 '성'이 첫 번째 자리에 놓인다.

성은 태어나면서부터 생을 마감할 때까지 가지에 있던 가치관, 관계, 사회와 문화, 성 건강, 성행위, 성장, 도덕 예절, 인종 장애와 관계없이 누구나 겪는 삶의 여정이다. 성은 즐겁고 좋은 것만이 아니고 힘들고 어두운 면도 있다. 내 몸을 함부로 만지거나 아프게 하는 성폭력 등 지켜주는 법도 있다. 생김새가 다르고 성격이나 환경이 다르듯이 모두 다른 모습(다양성)과 어떻게 인권을 보장하고 지켜야 하는지를 수업한다.

요즘 만나는 학생들은 장애인 고등학생이다. 장애가 있어서 동생에게 차별을 받는 학생이 있다. 한 학생은 분노장애가 있어서 다른 학생들에게 폭력을 행사한다.

누구나 그 학생과 짝이 되기를 싫어한다. 그래도 그는 어떤 아이를 지목하여 옆자리에 앉는다. 그러면 그 아이는 자리를 피한다. 이렇게 반복된다.

나는 그 학생과 이야기를 했다. 그 학생은 엄마와 사는데 엄마는 일을 하느라 늦게 퇴근을 해서 말할 상대가 필요했던 것이다. 그래서 다른 학생과 짝이 되어서 이야기를 하고 싶어 한다. 나는 자리 배치를 계속 바꾸면서 수업을 한다. 누구나 그 아이와 짝이 될 수 있도록 하고 있다. 동시에 차별받지 않을 권리를 수업한다.

학생들과 한 학기 10회를 수업한다. 그래서 집중 상담은 안 되지만, 집단 상담식 교육을 통해서 학기 수업이 끝날 때는 자유로운 표현과 성적자기결정권을 이해한다.

이런 학생들에게 수업 시간에 간단한 간식을 준비해서, 퀴즈를 맞힌 학생이나, 숙제를 잘 해온 학생들에게 상으로 주려는 의도였다. 이것이 요즘 시행된 김영란 법에 어긋나는 것인지 의문이다.

약속은 지키라고 있는 것이고, 법은 잘 지키라고 만든 것인데 우리는 법의 노예가 되어간다. 사람보다 자신들의 법테두리에서 잘못을 보지 못하는 정치인들을 본다. 나는 요즘 어디까지 법을 지켜야 하는지를 모르겠다.

(2016)

신 발

"저기 특이하고 요란하게 생긴 신발 신은 사람 누구야. 저 신발 신고 춤추니 너무 멋지다."

성당 심신단체인 레지오에서 연차총친목회가 있던 날이다. 이날은 친교의 시간으로 기도문을 바치고, 각 쁘레시디움에서는 장기자랑을 한다. 노래와 율동, 연극 등을 하는데, 우리 레지오는 성가를 부른 다음 뒤이어 트로트 곡조에 율동을 했다. 그날 내 신발은 나막신 같은 통굽에 보석이 달려있었다. 반짝이고 화려한 신발이 사람들의 시선을 끌었던 모양이다. 마치 신데렐라처럼 구두 한 짝을 잃어버려야 할 것 같았다.

결혼을 하고, 30년 동안 시부모와 살았다. 나의 의견이나 생각을 펼치지 못하다 보니 자연히 나의 시선은 고개를 숙이고 신발만 쳐다보고 다녔다.

직장을 나가며 시어머니의 병수발을 담당했다. 어머니는 40대에 중풍으로 반신불수가 되었다. 이후 치매를 얻게 되었고 증상이 나타날 때면 내게 신발을 달라고 어린아이마냥 조르곤 했다. 아마 내 스트레스 해소의 하나인 화려한 신발이 어머니 눈에도 좋아보였던 모양이다. 엎친 데 덮친 격으로 8년여 간 골다공증으로 허리뼈가 으스러져서 일어설 수가 없어 어머니는 세상 밖으로 한 발짝도 내밀 수가 없었으니 신발에 대한 애착이 나보다 더 강했을 수도 있다.

나는 어머니가 고운 신발을 신고 여행하는 꿈을 꾸기를 바라며 종종 새 신발을 선물했다. 그럴 때마다 어머니는 그 신을 매만지고, 가슴에 품고 잠을 자곤 했다. 그 시절 어머니의 가장 큰 꿈은 가족이 외출했다 돌아오면 본인이 직접 현관문을 열어주는 것이었다.

어느 날, 어머니가 많이 아파서 응급실에 가야했다. 걷지도 못하면서 신발을 신겨 달라고 했다. 어머니에게 신발은 목적지까지 이동할 수 있게 도와주는 역할을 하는 동시에 마음을 담는 기능도 포함되었던 것 같다. 어머니의 신발에 대한 집착이 강해질수록 나는 더 신발을 신중하게 골라 신었다.

신발은 땅 위에 별별 쓰레기를 밟고, 묻을 수 있는 것으로 비리와 죄를 상징한다. 그래서 성스러운 장소에서는 신발을 벗는다.

거룩한 장소나 실내에 들어갈 때는 신발을 벗는다는 게 반드시 위생적인 차원에서 뿐만 아니라 세상을 벗고 영적인 세계로의 입장을 의미하기도 한다.

그즈음 이런저런 일로 마음이 답답할 때면 나는 마음에 드는 신발을 신고 성당으로 향하고는 했다.

내 영혼의 신발은 예수님이다. 미사를 통해서 말씀으로 오셔서 몸과 피인 성체로써 담겨져 오는데도 번번이 내 영혼의 신발은 맞지 않아 헐겁다.

내 마음에 말씀의 씨앗이 떨어져 왕성하게 성장하여 부정적인 생각이 자라지 못하도록 한다면 영혼의 신발이 헐겁지 않은 날이 오려나. 나는 요즘 내 발에 꼭 맞는 신발을 신고 은총으로 맞춤한 꽃길을 걸어가는 꿈을 꾼다.

(2018. 문학시대)

깁 스

겨울 내내 나에게 붙어 있던 껌딱지, 깁스를 풀었다. 껌딱지에게 눈을 흘기며 이젠 나를 찾지 말라며 미련 없이 돌아섰다. 그런데 이게 웬일인가 걸을 수가 없다. 깁스를 풀면 날아갈 것 같았는데 서 있기는커녕 걷기가 더 불편했다. 그래도 다리는 가볍고 시원하다.

작년 겨울, 가족들에게 맛있는 것을 해주고 싶은 마음에 가락시장에 갔다. 과일과 굴, 갈비와 딸의 산간을 위한 식재료를 구입하고 마지막으로 마트에 들러 이것저것 사서 나오는 길에 그만 발을 헛디뎌 넘어졌다. '악' 하는 비명소리와 함께 무거운 짐에 발목이 눌렸다. 많이 아파 그 자리에서 울고 말았다. 아프긴 했지만 당황했다. 남이 볼까봐 얼른 일어나 차로 갔다. 물건을 실었다. 다행히 왼쪽 발이 다쳐서 운전은 할 수 있었다.

집으로 오는 중에도 많이 아팠다. 물건은 경비실에 맡기고 바로 병원으로 갔다. 의사선생님은 복숭아뼈가 골절되고 위쪽 뼈도 이상이 있다고 했다. 인대에도 문제가 생겼으니 당장 입원을 하라고 한다. 나는 남편에게 알리고 입원을 했다.

십여 년 전에도 신당동에서 건널목을 건너다 지하철 공사하는 철판 사이로 나의 발 한 짝이 빠진 적이 있다. 그땐 참으로 아찔했다. 그 구멍이 조금만 넓었더라면 공사장 지하로 떨어졌을 것이다. 신호등의 파란불이 바뀌고 빨간등이 켜졌을 때 나는 있는 힘을 다 해 빠진 발을 뺀 뒤 피를 철철 흘리며 파출소로 들어갔다. 그리고 지하철 공사 소장을 만났다. 구멍을 막으라고 청하고 경찰차를 타고 병원으로 갔던 일과 조금 전 넘어졌던 순간이 떠올라 식은땀이 났다.

퇴원을 하고 6주 동안은 삼수갑산으로 귀양 간 심정이었다. 삼수와 갑산은 험한 오지에 춥기까지 해서 중죄인을 귀양 보내는 귀양지로 손꼽혔다. 이 지역으로 귀양을 가면 다시 살아 돌아오기 어려웠고, 교통이 불편한 오지로 몹시 어려운 지경을 뜻한다.

어릴 적 옆집에 살던 '찐다'라고 놀리던 소아마비 아이는, 다리를 저는 장애인이었다. 나는 그와 어울리기를 꺼려했다.

깁스를 하고 목발을 짚고 급한 볼 일이 있어서 외출을 할 때면 사람들의 시선을 피해야 했다. 어쩌다가 이렇게 되었냐는 질문에 시달려야 했다. 장애인들은 이런 말을 하루에도 수십 번씩 듣고 살았을 것이다.

나는 그 당시 '찐다'에게 많은 상처를 주었다. 그 아이를 놀려대며 가까이 오지 못하게 했던 일이 은연중에 내 마음에 있었던 것이었다.

시어머니는 사십대에 중풍을 맞았다. 허리는 굽고, 한쪽은 마비상태였다. 그런 어머니와 30여 년을 같이 살았다. 선종하기 8년 전부터는 치매와 앉은뱅이로 살았다. 어머니를 케어하면서 많은 어려움에 봉착하여 사회복지를 공부하였다.

다친 다리로 인해 외출을 하지 못하고 있을 때 나를 들여다보았다. 타인의 마음을 의식하지 못하고, 무모한 자신감에 영혼의 자유를 누리지 못했다.

나는 묵주를 들었다. 영혼의 때를 벗기를 기도했다.

'부족하지만 사회적 약자에게 사랑과 희망을 줄 수 있는 은총을 주세요.'

(2016)

꼭꼭 숨어라

"꼭꼭 숨어라 머리카락 보인다. 꼭꼭 숨어라 머리카락 보인다."

"……."

"이제 찾으러 간다."

"……."

"어, 어디 숨었지."

나는 열심히 찾으러 다닌다. 헌데 녀석은 아주 웃긴 모습이다. 소파에 엎드리고, 자기 얼굴만 가리고 있다. 자기 기준에서 다른 사람들은 보이지 않는다고 생각한다. 나는 웃음을 참으며 계속 찾는 시늉을 한다.

한참 후에 녀석은 얼굴을 빼곰히 보이며 "준서 여기 있지롱." 하면서 배시시 몸을 꼬면서 달려든다.

이 광경은 오후 내내 연속된다. 그렇게도 재미있는 모양이다.

나는 지쳐서 이제 그만하고 자려고 하는데 막무가내 계속 하자고 조른다. 억지로 달래서 샤워하고 잠자리에 들게 한다.

한 달 전만해도 며칠씩 잘 있던 녀석이 요즘 들어 한 번씩 엄마한테 간다고 한다. 할머니가 제일 좋다던 녀석이라서 배신감이 느껴진다. 손주한테 잘 해봤자 소용없다더니 피부에 와 닿는다. 언제까지 나를 좋아할지 모르겠지만 왜이리 서운한지 모르겠다.

내가 유년 시절, 외할머니가 왔다. 엄마와 달리 다정하고 따뜻해서 할머니 품에 안겨 잠들면 행복했다. 할머니는 나를 재울 때면 자장가 대신 찬송가를 불러주었다.

나도 손자에게 잠자리에서 '아담과 이브' '노아할아버지' 등 성경이야기를 해주고, 성가를 불러준다. 아이는 비가 왜 오냐, 배는 어떻게 만들었나, 사과를 왜 먹지 말라고 했냐고 한바탕 질문을 퍼붓고는 스르르 잠이 든다. 자는 얼굴을 쳐다보는 내 얼굴에 미소가 번진다.

네 살 된 녀석이 제법 '주님의 기도'를 부르고, 식사 전 기도를 한다.

내가 할머니 품에 안겼을 때 행복했듯 손주들은 하느님 품을 그리워하는 아이들이었으면 한다. (2016. 5)

찐따야

뉴욕의 맨해튼 52번가에서 버스를 타고 메트로폴리탄 박물관에 가는 길이다. 정류장에서 장애인이 버스를 기다리고 있다. 버스기사는 휠체어 판을 내려 장애인이 버스에 오르기를 기다리는 여유를 본다.

그때 문득 초등학교 시절 우리 집 옆집에 살던 소년이 떠올랐다. 소아마비를 앓았던 그 아이는 우리 친구들이 골목에서 고무줄놀이, 자치기, 땅따먹기 놀이를 하고 있을 때면, 우리를 물끄러미 쳐다보고 있었다. 우리와 놀고 싶어 했다. 나는 그 아이에게 "야 찐따야, 너는 집에 가서 숙제나 하지, 왜 우리를 방해하는 거야." 하면서 왕따를 시키곤 했다. 또 얼마나 놀렸는지… 철없던 시절에, 그 소년이 마음의 상처가 깊었을 것을 생각하니 부끄러움에 얼굴이 화끈거린다. 그 아이는 지금 어디서 무엇을 하고 있는지 알 수는 없지만, 그때 내가 한 말들을 잊고 씩씩하게 살고 있기를 바란다. 또 아들이 초등학교 다닐 때에 장애인 친구와 어울려 다녀서 그 친구를 사귀지 말라는 말까지 하였다. 그 아이에게도 깊은 상처를 주어서 진심으로 사과하고 싶다.

다음 정류장에는 어르신이 짐을 들고 버스에 오른다. 한 걸음 한 걸음이 5분이 걸린 것 같다. 미국 사람들의 배려는 대단하다. 어떤 사람이 택시를 잡는다. 택시를 탈 사람은 일행과 헤어짐이 아쉬웠는지 인사를 하고, 포옹을 하고 할 말이 남았는지 계속 이야기를 하고 있다. 택시기사의 기다리는 배려를 본다. 미국인은 개인주의이지만 상대방을 이해하고 배려하려는 마음이 있다. 배려는 상대방이 원하는 것을 이해한다. 배려는 소통에서 시작된다. 소통을 하면 자연스럽게 표현을 하게 한다. 나의 소중함을 알고, 상대방을 존중한다.

언젠가 뉴스에서 지하철이 연착되었다고 욕을 하며, 환불을 요구하는 모습을 보았다. 이 모습에서 우리 국민은 참을성이나 배려가 없음이 확연히 드러났다. 그런데 L아나운서가 '남북 이산가족 만남의 장' 방송 때 보여준 테이블의 높이에 맞춰 일어섰다, 앉았다 하던 그 모습에서 눈높이 응대를 보았다. 마켓에도 어린이용 장난감이나 과자는 어린이의 눈높이에 맞추어 아래 칸에 진열한다. 눈높이를 맞추며 나를 낮추는 연습을 한다. 감수성 있는 문화인의 자세를 익혀야겠다는 생각에 젖어 있을 때, 메트로폴리탄 박물관에 도착했다.

박물관에서 운 좋게 한국인 가이드를 만나서 두 시간 가량 박물관과 작품에 대한 설명을 들었다. 전날도 왔던 곳이다. 전날에는 미처 못 본 것들이 눈에 들어온다. 로댕의 작품 앞에서 사진을 찍고, 드가의 작품 앞에선 나도 발레리나의 포즈를 취해본다. 드가는 사진을 찍을 때의 결정적인 순간처럼, 마치 스냅사진을 찍듯이 감각적이고 독창적인 모습을 연출한다. 그의 구도는 한쪽으로 치우치거나 잘려있다. 드가는 끊임없이 관찰하고 연구하였고, 수많은 습작을 통해 인물의 신체동작을 순간적으로 포착하여, 환상적이면서 몽상적인 작품을 완성시킨다.

또한 내가 체류하고 있는 동안 이곳에선 중국 특별전이 열렸다. 80만의 관람객이 다녀갔다. 그중에 내가 포함되었다. 뉴욕 메트로폴리탄 미술관의 아시아관 100주년을 맞이하여 의상 연구소가 주최한 이 쇼는 '중국: 거울을 통해 보다(China: Through the Looking Glass)'라는 주제로 서양 패션에서의 중국의 영향을 다뤘다. 중국 왕조 시대와 1920년에서 40년대 중국의 시대별 문화와 15세기 중국 청자, 한시 등 중국을 대표하는 문화에 영감을 받은 의상을 선보였다. 또 달빛 아래 떠 있는 존 갈리아노의 드레스와 크리스찬 디올의 1950년대 칵테일 드레스를 볼 수 있었다. 여기저기에선 중국영화들을 상영하였고, 전시를 보는 동안 중국의 음악을 듣는 것도 행복했다. 시간이 가는 것도 잊고 더 많은 곳을 눈으로 담고 싶어서 이곳저곳을 두리번거렸다. 5시간 동안 쉬지도 않고 관람했는데도 다 볼 수가 없었다.

배가 고팠다. 아쉬움을 뒤로하고 박물관을 나와 길거리에서 소시지와 음료수로 허기를 달래고, 센트럴파크로 갔다. 사람들은 잔디밭에 눕거나 햇볕을 쬐며 책을 읽고 있었다. 운동하는 사람들과 맑고 파란 하늘을 보면서 1시간가량 산책했다. 숙소로 향하는 발걸음은 후회 없고 행복한 삶을 꿈꾸는 내 안에서 변화가 일어났다.

옆집 소년 '찐따" 너에게는 미안하지만, 돌이켜보니 내 역사 안에 그가 있기에, 지금 내가 장애인에게 인권 교육을 하고 그들과 연극을 하며 그들의 이야기를 들어줄 수 있는 것 같다. 원인 없는 결과는 없는 것인가 보다.

(2015)

마지막 수업

나는 발달장애가 있는 학생들에게 '성인권' 교육을 한다. 마지막 수업에 한 학생으로부터 받은 편지 내용이다.

선생님 안녕하세요.^^

저 ○○예요. 오늘 수업이 선생님과 마지막 수업이라니 울컥합니다. 처음에는 흥미가 없었는데 수업을 하면 할수록 즐겁고 재미있는 수업이 되었어요. 선생님하고 수업했던 내용 중에서 인상 깊었던 것은 가족의 의미를 알고, 다양한 가족형태가 있음을 알게 되었습니다. 각자 가족을 소개하고, 가족 구성원의 역할과 가족은 서로 존중하고 협력해야 한다는 것을 알게 되었습니다. 그 외에 어디서, 언제, 누구랑, 어떻게, 무엇을 6하 원칙에 따라 약속 잡는 걸 배워보고 짝을 지어 실천해본 수업도 재미있었습니다. 화요일에는 선생님을 만난다는 생각을 하며 좋아했는데 이젠 아니라니… 많이 보고 싶을 게예요. 선생님 잊지 않고 소중한 추억으로 간직할게요. 좋은 추억과 즐거운 수업 방식으로 가르쳐 주셔서 감사합니다. 그리고 사랑합니다. 선생님.

학생들에게 인간의 존엄성과 가치, 권리를 존중하는 인권 교육을 한다. 도가니 사건 이후 '인권과 성' 문제의 심각성이 알려졌다.

사람이 태어나서 죽을 때까지의 여정을 '성'이라 한다. 성에는 즐겁고 기쁜 일도 있지만 슬픈 일도 있다. 폭력을 당했을 때 도움을 받을 수 있는 기관을 알아보고 성적자기결정권을 어떻게 행사해야 하는지 10회에 걸쳐 수업을 한다.

수업 마지막 날에는 편지를 주는 학생이 있고, 다음에 다시 선생님과 수업하고 싶다는 학생, 또는 '선생님 사랑한다'는 학생도 있다. 나는 이런 학생들과 헤어질 때면 항상 아쉽다. 좀 더 많은 것을 알려주고 싶었지만 마지막 수업이 되면 마음이 바빠진다.

처음 수업 시작할 때 사전 검사를 하고, 마지막 수업에는 사후 검사를 한다. 사전 검사 때와는 다르게 자신의 생각과 느낌을 표현한다. 또한 타인에 대한 배려와 나의 소중함을 인식한다.

장애정도가 가벼울 때는 이런 편지도 받고, 보고 싶다는 말도 듣지만, 장애가 심한 특수학교로 수업을 갔을 때는 두 시간을 거의 혼자 떠들다 오는 경우가 있다. 몸이 불편하여 앉아있는 것도 힘들어 하고, 자폐아 학생은 어느 한곳에 꽂히면 그곳에만 몰두한다. 이런 경우에는 어려운 단어를 해석하는 능력이 뛰어나다. 또한 수업 중에 돌아다니는 학생, 조울증이 있는 학생과도 만나게 된다.

그 학생들에게 나는 전한다.

첫째 나의 몸을 이해하고, 출생 동영상을 보여주며 우리가 소중하게 태어났음을 알게 한다. 나뿐 아니라 상대방도 소중하다는 것을 기억하게 한다.

둘째, 자기표현을 잘할 수 있도록 발표와 질문을 수시로 한다. 그래야 어려운 상황에 처했을 때 도움을 받을 수 있는 기관이나 사람에게 전달할 수 있으리라 믿는다.

셋째, 자기결정권을 행사할 수 있는 능력을 키울 수 있도록 한다. 자신이 결정을 할 수 있어야 자신을 보호하고, 상대방 의견에 귀를 기울일 수 있으며 행동할 수 있을 것이다.

마지막으로 왜곡된 성문화나 성폭력, 대인관계에서 지켜야 할 예절과 인권을 정리한다. 그리고 권리를 보장받고, 상대방의 권리를 보장하기 위해서는 자신과 타인에 대한 존중과 배려를 이야기 하며 수업을 마친다.

사회복지학을 전공한 나는 사회에서 소외된 사람들에게도 행복할 권리가 있다는 것이 뇌리에서 떠나지 않는다.

가정생활과 사회생활, 그리고 종교 활동 중 도움을 필요로 하는 사람과 주는 사람이 따로 존재하거나 정해진 것이 아니다. 누구나 주고받을 수 있다는 것이 나의 생각이다. 이 깨우침을 정립하고자 경원사회복지회에서 장애가 있는 학생들에게 성폭력을 상담하거나 예방하는 방법을 지도하는 역할을 한다.

장애인들은 가족이나, 또래, 사회로부터 고립되고, 심리적으로 불안을 느낀다.

그들의 가족들 또한 많은 고충을 언급한다. 그들은 애정과 관심을 보여주기를 피력한다. 나는 그들에게 어떻게 살아야 희망의 꿈을 불어 넣어줄 수 있을까 고민한다.

내가 만약 지식으로만 지도한다면, 사랑과 희망의 이야기가 얼마나 전해졌을까. 종교가 있고, 글을 쓰면서, 봉사를 할 수 있어서 행복하다.

(2016)

모아나와 바다

신화와 영성을 바탕으로 만들어진 애니메이션 영화 '모아나'를 보았다.

모아나는 플라네시아 지역의 언어로 바다를 뜻한다. 모아나는 모투누이 섬, 추장의 딸이다. 어린 시절에 할머니로부터 전설 속의 영웅 반신반인 마우이의 이야기를 듣고 넓은 바다로 나가는 꿈을 꾼다. 모아나는 바다와 이야기하고, 모세의 기적처럼 바다와 갈라지는 경험을 한다. 그리고 마우이가 훔친 여신 테피티의 심장을 발견한다.

'자신이 진정 누구인지 찾으라'는 할머니의 말을 듣고 병들어가는 섬을 구하기 위해 우여곡절 끝에 마우이를 만나 모험을 떠난다.

모아나는 어린 시절 놀이터가 바다였다. 추장인 아버지는 암초 밖으로 나가지 못하게 했지만 모아나는 항상 바다를 동경한다.

예수님은 어린 시절, 성모님을 애타게 만들었던 사건이 있었다. 모아나가 없어지면 바다에 있었던 것처럼, 예수님은 성당에서 찾을 수 있었다. 모아나의 성당은 바다이다. 바다가 선택한 모아나는 인격이 있고, 감정이 있는 바다의 도움으로 평화를 찾았다.

내가 어린 시절 어떤 이끌림인지 모르게 성당에 가서, 미사를 드렸다. 성가를 부를 때면 나도 모르게 흐르는 눈물을 어찌할 수 없었다. 사람들의 시선을 피하며 흐느꼈다.

그날 집에 돌아와 아버지에게 할아버지의 이야기를 들었다. 독립운동을 하면서, 감옥에서 필사한 성경책을 남기고 옥사했다는 충격적인 이야기였다. 내가 할아버지의 DNA를 물려받은 게 아닐까

세례를 받고 곧바로 반장의 임무가 주어졌다. 무슨 일을 하는지도 모르면서 신자로서의 의무를 다 하겠다고 다짐하고, 주어진 일에 충실히 수행했다. 가가호호 다니며 반모임을 한 적도 있었다. 성전건립 기금을 마련하기 위해서 온갖 일을

하면서도 즐거워했다.

주택에 살았을 때는 구역에서 초상이 나면 반장들은 시장을 보고, 음식을 만들고, 손님대접까지 하며 상주노릇도 했다. 그때 희로애락을 같이 했던 반장, 구역장들과의 만남이 지금까지 이어지고 있다. 그날들을 회상하며 공감대에 이른다.

모아나가 바다에 대한 믿음이 있었던 것처럼 나 또한 반장의 임무와 더불어 신앙의 깊이가 쌓여졌던 것이다. 농부가 농사를 지을 때처럼, 땅을 갈고 씨앗을 뿌리고, 비료를 주고, 정성을 다하여 작물이 되기까지, 씨앗은 내가 반장을 하면서 우리 가정이 성가정을 이루기 위한 믿음이 밑거름이 되었다. 그 믿음의 뿌리가 흔들리지 않고 풍성한 결실로 맺기를 소망한다.

(2017)

우리 집 명절 풍경

올 명절에는 아들 부부가 차례를 지내고 여행을 갔다. 나는 남편과 돌이 채 안된 손자를 봤다. 힘은 들었지만 손자는 우리에게 즐거움과 행복을 선사했다. 아이의 재롱보다는 우리 부부가 아이에게 재롱을 부리는 것이다. 그것을 보고 아이는 까르르 웃곤 했다. 우리 부부는 아이를 웃게 하고, 웃는 아이를 보는 우리는 그 애가 보물이며 선물이라고 생각했다.

친정아버지는 1·4후퇴 때 월남을 했다. 고모 한 분이 계시지만 명절에는 만나지 못했다. 나는 명절이 되면 슬펐다. 옆집에는 친척이 와서 집안이 떠들썩하거나, 큰집으로 떠나는 것이다. 우린 그런 친척조차 없다. 옆집이 부러워서 괜히 문틈 사이로 들여다보곤 했다.

'신발도 많네. 하나, 둘, 셋, 넷, 다섯… 와! 신발이 저렇게 많으니 얼마나 좋을까.'

명절 때면 이소룡이나 성룡이 등장하는 무술영화를 보며 뒹굴뒹굴했다.

어머니가 준비해 놓은 차례음식을 먹다 배탈 나고, 남동생만 있는 나는 남자들이 하는 놀이인 자치기, 땅따먹기, 구슬치기 등을 하고 놀다가 얼음이 된 손을 부비며 아랫목을 찾는 것이 고작이었다.

이렇게 성장한 나는 종갓집 외아들과 결혼을 했다. 시댁은 버스에서 내려서 40분 정도 걸어가야만 하는 오지였다. 한 동네에 친척들이 옹기종기 모여 살았다. 명절이 다가오면 이틀 전에 들뜬 마음으로 시댁에 갔다. 명절 때면 시댁에 가는 것이 재미있고 신이 났다. 일하면서 실수도 많았지만 즐거웠다. 친척들 만나는 것이 좋았다. 친정식구는 시댁의 경조사나 모내기 등이 있을 때면 시댁에 와서, 일을 도와주고 즐거운 시간을 보냈다.

시부모가 서울로 올라와서 우리와 함께 살게 될 때도 명절 때면 북적거렸다. 나는 힘이 들지가 않았다. 내가 원하는 삶이었기 때문이다.

이제는 시댁 어른들이 돌아가셔서 북적되던 명절 풍경은

사라졌다. 각자의 집에서 차례를 지낸다. 시어머니마저 선종을 해서 시누이들도 명절에는 왕래가 없다.

그러면 어떠랴 이젠 새 식구가 생겨 내년부터는 시끌벅적할 것을….

아들과 딸은 제 짝을 찾아서 우리 둥지를 떠났지만, 명절에는 그 식구들이 들이닥칠 것을 기대해본다.

(2014)

카레라이스와 동생

나는 지금 눈물범벅이 된 카레라이스를 꾸역꾸역 먹고 있다. 내가 카레라이스를 다시 먹기 시작한 것은 불과 5년 전이다.

그 일은 나에게 첫 번째 빨간 신호등이었던 것이다. 나는 남동생 세 명과 언니와 여동생 한 명이 있다. 언니는 내가 태어나기 전에 하늘나라로 갔다. 여동생 라나도 내 마음 속의 이름이 되었다. 다시는 부를 수도 볼 수도 없는 라나이다. 오늘따라 너를 부르고 싶고 사무치게 보고 싶다.

그 애가 초등학교 6학년 때 루마티스 관절염을 앓기 시작했다. 종합병원에 입원을 해 보았지만 효험이 없었다. 우리나라에서 그 방면으로 일인자가 명동 성모병원 근무하는 김 박사였다. 동생은 그 병원에 입원했다.

나는 언제나 라나 곁을 지켰다. 그 애는 29kg의 가냘픈 몸으로 힘겹게 하루하루를 보내고 있었다. 입원한 지 한 달이 되던 휴일에 의사선생님은 라나의 외출을 허락하였다. 아침부터 머리를 감고 몸단장을 하며 시간을 기다리고 있을 때 점심식사가 나왔다.

다른 사람에겐 오므라이스를 주는데 우리 라나에게는 오므라이스가 나오지가 않았다. 라나는 오므라이스 냄새를 맡으며 먹고 싶다는 것이다. 나도 그땐 어려서 식당에서 달라는 말을 못하고 명동의 경양식집을 돌며 오므라이스를 사러 다녔다. 결국 오므라이스를 대신하여 카레라이스를 사왔다. 라나는 맛있다며 두 수저 뜨더니 경련을 일으키며 쓰러졌다.

나는 놀라서 라나를 흔들어 보았다. 아무 미동이 느껴지지 않았다. 간호사를 부를 시간도 없이 나는 라나를 업고 응급실로 뛰었다. 땀으로 흥건히 젖은 나는 '이게 무슨 개떡 같은 일이람. 조금 있으면 집에 가서 가족을 만나 즐거운 시간을 보낼 텐데….'

부모님은 딸이 온다고 온갖 준비를 해놓고 우리를 기다리고 있었다. 나는 급하게 집으로 전화해서 부모님을 호출했다. 너무 갑자기 일어난 일이라서 우왕좌왕 어떻게 해야 할 줄을 모르고 간호사와 의사의 빠른 손놀림을 보았다. 동생을 심폐소생

술을 하는 것이었으나 동생은 다시 우리 곁에 오지 못했다.

그때부터 나는 아주 오랫동안 카레라이스 냄새도 맡기 싫었다. 카레라이스란 이름도 잊고 살기로 작정하였으나 동생의 기억은 잊히지 않았다.

얼마나 지났을까. 여행을 할 기회가 있었다. 무엇을 해놓고 갈까 궁리하다 카레라이스를 하기로 했다. 그렇게 싫어하던 카레라이스를 생각하고는 쓴웃음을 지었다. 가족들은 맛있게 먹고 행복해했다.

나는 생각을 바꾸기로 했다. 카레라이스를 싫어하는 것보다 맛있게 먹는 것이 동생을 아름답게 기억할 수 있음을 알게 되었다.

내 생일은 음력 10월이다. 그때는 눈물의 카레라이스가 아닌 행복하게 먹을 카레라이스를 생각한다.

(2016. 청담수필)

청담동에 살아야 하는 이유

요즘 텔레비전 인기 프로그램인 '복면가왕'을 시청 중이다. 가면을 쓰고 노래를 해서 그 사람이 누구인가 궁금해 하다가 가면을 벗으면 늘 놀란다. 오늘 출연자도 제법 노래를 잘 한다고 생각하며 소파에 반 누운 자세로 시선을 고정하고 있다. 의외의 인물일 때는 놀랍기도 하지만, 그 사람이 왜 나왔는지 동기를 이야기 할 때면 흥미롭다. 나는 한창 텔레비전에 빠져 있을 때, 남편은 별 미동도 없이 집안에 둔 운동기구 싸이클을 탄다. 실제 밖에서 타는 듯이 앞에 사람이 지나간다며 요리저리 몸을 돌려가며 핸들을 돌리는 시늉까지 한다. 남편이 운동을 하게 된 동기 또한 '복면가왕'에 등장한 사람들의 사연만큼이나 특별하다.

딸이 고등학교 3학년 때 일이다. 딸은 '수시 모집'에 원서를 넣고 발표를 기다리고 있었다. 그 시간이 어찌나 길던지 하루하루 기다림에 지쳐 있을 때, 지인이 갈 곳이 있다고 조른다. 나는 무작정 따라 나섰다. 간 곳은 철학관이다. 가톨릭 신자인 나는 잠시 망설였다. 갈등이 지속되었다.

'딱 한 번이야 하느님도 용서하실 거야.'

나는 자신을 위로하며 들어갔다. 그런데 딸의 입시는 문제가 아니었다. 우리가 살고 있는 집이 명이 다 되었다며 그 집에서 더 살면 남편이 죽는다고 한다. 눈앞이 하얗게 변하고, 내 머리는 멍해졌다. 그 자리에 주저앉고 말았다. 동행했던 이는 떨리는 목소리로 계속 미안하다고 한다. 그리고 얼마 뒤, 많은 고민 끝에 청담동으로 이사를 했다.

일원동에 살 때는 운동도 하지 않고 술자리가 잦았던 남편이다. 이사를 오고 보니 집 앞에 스포츠 센터가 있다. 나는 남편에게 운동을 권했다. 처음에는 귀찮다고 하더니 아침 6시면 센터로 가서 2시간씩 운동하고 출근했다. 그 결과 체중을 14kg을 감량하고 담배도 끊어 건강한 몸과 마음으로 지낸다. 헬스, 수영, 골프를 번갈아 하며 하루 3시간씩 운동을 한다.

내 신앙이 탄탄하지 못해서 철학관의 말을 듣고 덜컥 이사를 하기는 했지만, 전화위복이다. 일단 들은 이상 내 마음에서 그 말이 지워지지가 않았던 거였다. 그때를 생각하며 나는 청담동 성당에서 부족한 신앙을 키워온 것 같다. 나의 신앙을 강화하기 위해 신심 단체인 레지오에 가입하여 묵주기도를 생활화하고 나와 다른 이웃에게도 눈을 돌리게 되었다. 외적으로는 문화홍보분과에 소속되어 성당 행사에 기록을 남기는 사진을 찍고, 사진반에서 취미로 사진을 찍고, 수필반에서 새로운 것을 배우며 활동을 한다. 무엇보다도 하느님이 내 안에 계시며 활동하신다는 것을 믿게 되었다. 이사한 사건이 아니었으면 여전히 나태한 신앙생활과 다른 곳의 유혹을 뿌리치지 못했을 것이다. 잠시 한눈을 팔기는 했지만 남편의 건강을 지키게 되고 어떤 노력과도 바꿀 수 없는 신앙의 자유를 느끼며 살아갈 수 있는 힘이 붙었다. 하마터면 시험에 들어 허우적거릴 뻔했다.

(2015. 청담성당 주보)

호치민에서

남편이 하던 사업을 정리하고 다른 일을 알아보려고 베트남으로 시장조사차 여행을 갔다. 사업에 관계되는 일을 마치고 짬을 내서 해변으로 피서를 갈 계획을 했다. 먹을거리가 다양한 베트남에서 쌀국수, 베트남 바게트, 월남쌈, 스프링롤, 베트남식 부침개 반쎄오등 여러 가지 음식을 먹을 생각에 들떠 있었다.

사위가 출장을 가서 혼자 있게 된 임신한 딸과 손녀도 동행했다. 가족과 함께하는 여행은 부담이 없다. 집 걱정이 되지 않아 심적으로 편안하다.

우기였다. 비는 자주 내렸지만 금방 그치는 스콜이라서 힘들지는 않았다. 맛집을 찾아다니며 베트남의 요리를 먹었다. 베트남은 먹을거리가 좋고, 아름다운 해변과 산, 볼거리가 풍성하였다.

'붕따우' 해변에서는 바다 물결이 넘실대는 파도의 리듬에 맞추어서 파도타기를 했다. 손주들이 어려서 그동안 해변가로 피서를 다니지 못했다. 3년 만에 바닷물에 발을 담그고, 맨발로 해변을 걸었다. 태어나서 바다를 처음 본 세 살 손녀와 물장구를 치고, 모래성을 쌓기도 했다. 모래로 소꿉놀이를 하며 나도 동심으로 돌아간 느낌이었다. 손녀는 어찌나 좋아하던지 숙소로 들어갈 생각을 하지 않고 계속 놀자고 졸랐다.

붕따우 야시장의 안쪽에는 해물가판대가 있고 포장마차 촌이 있다. 우리는 그중에 제일 사람이 많고, 유명하다는 집으로 갔다. 해산물의 조리 방법이 다양했다. 베트남식으로 굽거나 볶고, 쪄서 나온 음식을 소스에 찍어 먹으니 꿀맛이었다. 물론 가격도 저렴했다.

해변에서의 즐거운 시간을 추억으로 남기고 호치민으로 돌아오는 버스에서 배가 살살 아파오기 시작했다. 아직도 가야 할 길이 먼데 참아보자 이를 악물었지만 비지땀까지 났다.

나는 가끔 스트레스가 쌓이면 위경련이 일어난다. 가족여행이라 행복하지만, 임신한 딸과 손녀가 있다 보니 신경이 많이 간 모양이다. 또 어제 먹은 해산물이 탈이 난 것 같다. 정말 참을 수가 없었다.

15년 전쯤 뉴질랜드에 사는 친구집에 간 적이 있다. 친구는 오클랜드 시내와 아이들이 다니는 학교, 와이토모 글로우웜 동굴, 타우포 호수 등 이곳저곳을 구경시켜 주었다. 뉴질랜드는 바람이 신선하고 공기 좋으며, 아름다운 해변도 많다. 원주민들의 공연은 그 모습이 우스꽝스럽고 재미있었다.

여행 중에 갑자기 위통이 일어나 곤욕을 치렀던 일이 기억났다. 점심으로 먹은 햄버거로 인해 탈이 났던 것이다. 친구는 걱정하고, 나는 친구 가족에게 미안했다.

다시 차는 달리건만 배가 아픈 것이 사라지지 않고 심했다가 덜했다가를 반복했다. 배 속이 수없이 요동치는 사이 차는 종점에 도착하였다. 더 이상 참을 수가 없어서 근처 커피숍으로 들어갔다. 그곳에서 수십 번 화장실을 들락거렸다. 탈진 상태에 이를 정도였다.

딸과 손녀는 숙소로 보내고 응급실로 갔다. 토사곽란은 계속되었다. 혈액검사에 알지 못하는 검사를 하고 링거를 맞았다. 우리와 여행을 동행한 베트남 현지인인 미스터 헝과 남편은 걱정을 하며 나를 지켜보았다.

3시간쯤 흘렀을까, 아픔이 점점 사라지더니 앞이 보이기 시작했다. 화장실 들락거리는 횟수도 줄어들었다.

'이제 살았구나.'

모든 것이 암흑이었지만, 딸이나 손녀가 아팠으면 어찌했을까 그나마 다행이라는 생각이 들었다.

나를 지켜보던 남편과 형은 안도의 한숨을 쉬었다. 병명은 바이러스에 의한 병이라고 했다.

숙소에 도착하니 딸과 손녀가 반긴다. 우린 얼싸안고 한동안 아무 말도 못했다.

나는 여행할 때 그 나라의 문화가 어우러진 다양한 음식을 맛보는 것을 즐긴다. 비록 음식으로 인해 아픈 추억을 두 번이나 경험했지만 기회가 되면 또 떠날 것이고 맛난 음식을 포기하지 않을 것이다. 혀끝에 느껴지는 맛과 건강한 삶을 이어주는 음식이라면 금상첨화겠지만….

이번 여행은 아픈 추억이라서 더 오래 기억될 것 같다. 여행은 이런저런 추억이 어우러져 좋다.

(2018)

3.

우산 삼대

우리 인생은 만나고 헤어짐의 연속이다. 꽃은 피고 지고 다시 또 피고 지면서 향기를 남기고, 우리 인생은 만나고 헤어지면서 향기를 남긴다.

아들이 손자를 데리고 왔다 간 후에도 오랫동안 나는 그 향기를 느낀다. 그럴 때면 이미 떠나고 없는 부모님이 그리워진다.

향기로운 순간

인생의 소중한 선물은 함께 사는 것이다.

하느님께서는 아담을 만들고 그 옆이 허전해서 아담이 잠든 사이에 갈비뼈를 빼내어 협력자 하와를 만드셨다. 그래서 남자와 여자가 결합하여, 둘이 한 몸이 된다. 그 후로 자손이 번성하여 오늘날 인류가 되었다. 그 생명의 연장선이 언제까지인지 모르나 낳고, 죽기를 반복한다. 이 인류의 작은 단위가 한 가정이며 우리 부부도 자손을 낳고 그들을 사랑하고 키워서, 분가하고 그들도 또 자손을 낳아 키워서 분가할 것이며, 또 낳고 죽기를 반복할 것이다.

아들이 결혼하는 과정에서 남편의 벽에 부딪혔다. 쉽게 결혼 허락이 떨어지지 않았다. 그 벽은 쉽게 무너질 것 같지 않았다. 그러나 시간이 흐르면서 그 벽은 무너졌지만 그것을 지켜보는 내 가슴은 이루 말할 수 없이 황폐해졌다. 그 황폐해진 가슴에 온기를 주고 새롭게 꿈꿀 수 있는 기회가 왔다. 손자가 그 역할을 담당한 것이다.

2014년 8월 16일, 광화문에서는 교황님의 시복 미사가 있었다. 나는 그곳에 참석하지 못하고 손자와 함께 있었다. 잠 든 손자의 얼굴에 미소가 가득하다. TV로 미사를 시청하고 있었다. 어느새 손자가 잠에서 깨어나 미사 장면을 보더니 두 손을 합장하고 '아멘'을 한다. 순간 나는 전율을 느꼈다. 손자는 해맑은 얼굴로 나에게 다가왔다.

아들이 청년 성가대 단장일 때 피아노 반주자인 지금의 며느리와 자주 부딪히면서 둘 사이는 가까워졌다. 둘은 결혼하여, 지금 내 옆에 있는 손자를 보게 된 것이다. 둘의 만남이 성당에서 시작한 터라, 손자도 유아세례를 받고 주말이면 미사를 드리러 성당에 간다. 이제 12월이면 또 하나의 생명을 맞이하게 된다. 그 생명도 하느님 보시기에 소중한 선물이 될 것이다.

시멘트 바닥처럼 굳어버린 남편의 마음을, 한방에 날려버린 손자의 출생은 상식을 뛰어넘은 행복에 눈물지을 수밖에 없었다. 남편은 아기가 자기를 닮았다는 것을 별나게 좋아한다. 남편은 아기를 통해 사랑을 배웠을 것이다. 미움의 뿌리는 아들을 자기 품에서 내어 놓지 못하는 데서 출발했을 것이다. 남편은 자기를 꼭 닮은 손자를 안고 덩실 덩실 춤을 추었다. 기쁨의 눈물을 흘렸다. 이 순간의 이미지를 지우고 싶지 않다.

우리 인생은 만나고 헤어짐의 연속이다. 꽃은 피고 지고 다시 또 피고 지면서 향기를 남기고, 우리 인생은 만나고 헤어지면서 향기를 남긴다.

아들이 손자를 데리고 왔다 간 후에도 오랫동안 나는 그 향기를 느낀다. 그럴 때면 이미 떠나고 없는 부모님이 그리워진다. 나의 부모가 남긴 생명을 받은 내가 또 자식에게, 그 자식에게서 손자로 이어졌다. 그러니 손자에게 부모님의 따뜻하고 생생한 향기가 느껴진다.

(2016. 청담수필)

우산 삼대

약속이 있는 날이다. 정성껏 화장을 하고 나의 모습을 거울에 비쳐보았다. 옷매무새는 어떤가, 화장은 잘 되었나 점검하고 집을 나섰다. 1층에 내려오니 비가 내리고 있다. 다시 엘리베이터를 탔다. 집에 들어와서 우산을 찾았다. 내가 찾는 우산이 없다. 그 우산은 2년 전, 오스트리아 여행 갔을 때 구입한 것으로, '구스타프 클림트'의 'The Kiss' 작품이 프린트 된 것이다. 비 오는 날 그 우산을 들면 기분이 좋아진다.

클림트의 작품이 프린트된 우산은 오스트리아에서는 흔히 볼 수 있다. 내가 그 화려한 우산을 쓰고 다니면 사람들의 시선을 모은다. 나는 아직도 사춘기 때의 미해결된 감정이 남아 있는지 남의 시선을 즐긴다. 나는 여행의 기억을 우산으로 쓰고 다니는 게 좋다. 그런데 어디에 두었는지 보이지 않았다.

아이들이 어릴 적에 나는 남편과 의류업의 틈새인 '컴퓨터 자수' 공장을 경영했다. 집에는 시어머니가 있어서 아이들을 돌봐주었다. 시어머니는 몸이 불편하여 외출은 하지 못하고 집에만 있었다. 갑자기 비가 올 때는 학교로 우산을 가져가지 못하고 걱정만 했다. 나 역시 아이들이 비를 맞고 귀가하는 날이면 편하지가 않았다.

훗날 딸이 말하기를, 비 오는 날 우산을 가져온 엄마와 나란히 걸어가는 친구 모습을 보면 부러워서 울면서 집으로 돌아왔다고 했다.

최근에는 갑자기 비가 오는 날이면 선생님과 학생들은 미리 학급비로 사둔 우산을 쓰고 갔다가 다음날 다시 학교에 가져와서 제자리에 놓아둔다고 한다. 요즘 워킹맘은 비가 와도 우산 걱정할 일은 없어진 셈이다.

우산 속으로 들려오는 빗방울 소리는 리듬을 탄다. 낭만적이기도 하고, 감상적이기도 하다. 그러나 비가 그치면 번거로운 짐이 되고 만다. 그래서 자주 잃어버리는 것이 우산이다.

엄마의 부재를 우산에서 느낀 딸은 결혼을 한 지금도 심리적 우산이 필요한가 보다. 사소한 일로 아이들과 부딪히고, 얼굴 붉히는 일이 있어도 자식들은 어머니가 자신들의 인생에 우산이 되어 주기를 원한다. 그러나 나는 성급히 다가가는 마음을 조율한다. 욕구를 원하는 대로 다 들어주기보다 꼭 필요할 때 튼튼한 우산의 이미지로 전달되고 싶은 마음이다.

자칫하면 오다가 마는 소나기일 때는 쓰레기통에 버려진 우산처럼 불필요한 존재가 될 수 있으므로 나도 조율하고 자식들도 비의 세기에 따라 우산을 원할 것인지 기다릴 것인지를 생각하게 한다.

어머니는 아버지의 급하고 불같은 성격을 견디기 어려워했다. 두 분은 대립적 관계였다. 그래서 마찰이 심했다. 아버지는 가부장적이고 당신의 말이 곧 법이라고 주장을 했다. 어머니는 그럴 때마다 양산을 사 모았다.

나는 어머니에게 사랑을 받고 싶었지만 잔정이 없는 어머니는 사랑의 표현을 하지 않았다. 정이 그리웠던 나는 어머니의 양산을 들고 다녔다.

나는 딸에게 내 마음을 모조리 퍼주는 다정병에 걸려 있다. 그러나 딸은 어릴 적 비 오는 날의 기억에서 빠져 나오지 못하고 있다.

세월이 지나도 어머니의 사랑을 확인하고자 해매고 있던 나는 여행 중에 사온 우산의 그림에서 가슴에 응어리가 풀리는 느낌을 받았다. 초코파이의 광고에서처럼 따뜻한 가슴과 달콤한 정이 느껴졌다.

어머니의 영혼이 서린 듯한 이 우산을 받쳐들고, 이미 내 곁을 떠나버린 어머니를 기억한다. 다정하게 안고 키스하고 있는 이 우산의 그림에서 어머니의 정을 채우고 싶은 묘한 감정이 느껴진다.

나는 딸에게 비 오는 날이 기다려지는 우산이고 싶다.

(2017)

크리스마스이브

사위는 군인이다.

그래서 종종 군종성당에서 미사를 드린다. 오늘은 크리스마스이브이다. 매스컴에서는 하루 종일 최순실, 문고리 3인방 등 박근혜 대통령 탄핵으로 시끄럽다. 미디어로부터 자유로워지고 싶다.

어느 날, 휴대폰을 집에 두고 출근했다. 그날은 자유로울 것 같았다. 하지만 거래처로부터 자유는 억압되었다. 외근에서 돌아온 나는 사장님에게 한소리 듣고 말았다.

딸은 성당에서 성모회 회원이다. 크리스마스 미사를 드리고 장병들에게 줄 음식을 하기 위해 성당에 가야 한다고 한다. 나는 손녀를 돌봐주러 딸네로 갔다.

미사를 드린 후 특별히 2부 순서가 있었다. 첫 번째 제비

뽑기를 하여 조그마한 선물을 주었다. 나는 보물찾기나, 어떤 이벤트에 당첨되는 일이 한 번도 없었다. 내 번호가 당첨되면, 자기 번호가 호명되기를 애타게 기다리는 앞에 앉아있는 장병에게 주리라 마음먹고 있었다.

이게 웬일, 내 번호가 호명되었다. 나는 빨리 앞에 장병에게 그 번호를 주면서 상품을 받으라고 했다. 그 장병은 어안이 벙벙해서 상품을 받고는 연신 고맙다고 인사를 했다. 마음을 비우니 이런 행운이 찾아왔다. 행복했다.

그 다음 순서로 딸이 특송을 불러서 많은 박수갈채를 받았다. 신부님은 천상의 목소리를 가졌다고 칭찬을 하였다. 내 마음 또한 뿌듯하였다. 순서를 마치고 장병들에게 선물과 따뜻한 어묵 국을 주었다. 장병들은 담소를 나누고 음식을 먹으며 피로를 잊는 듯해 보였다.

신부님과 멀리서 오신 수녀님들, 사단 내에 있는 절에서 오신 스님, 그리고 사단장과 참모들이 만남의 방에 모였다. 크리스마스나 부활절에는 성당과 교회에 오고, 초파일에는 신부님과 목사님 그리고 사단장과 참모들은 절에 간다고 한다. 사단장은 격려를 해주고 금일봉을 주고 갔다.

요즘 부대에서는 돈가스, 피자, 닭요리 등 젊은이의 기호에 맞는 음식이 나오고, 엄마 맛을 느낄 수 있도록 노력한다고 한다. 밥도 맛과 영양, 위생까지 고려한 식단이 제공된다. 그래서인지 옛날처럼 화장실에서 눈물의 초코파이를 먹는다는 이야기가 들리지 않는다.

장병들의 급여도 높아졌고, 문화적 혜택도 주어진다. 그러나 가정에서 한두 명의 자녀로 곱게 키워져서, 군 생활에 적응을 못하는 관심병사가 늘어난다. 이런 경우 예전에는 징계나 처벌을 했지만, 지금은 병영생활 상담과 심리치료를 하여 마음을 치유할 수 있도록 하고 있다.

또한 장병들은 개인주의가 심화되어 군부대에서는 인성교육이나 성가치관교육 등을 통해 몸과 마음이 건강하도록 지속적인 교육을 한다.

앞에 앉아 있던 장병은 친구들과 미사를 드리러 왔다. 그 장병들은 신자는 아니었다. 미사전례도 모르지만 잘 따라하고, 성가도 크게 불러주며 평화의 인사를 할 때는 자기들끼리 포옹을 하는 모습이 내가 처음 성당에 갔을 때가 오버랩되어 웃음이 났다.

나는 성물을 축성 받을 때, 신부님과 악수하는 해프닝도 있었다. 신부님이 성호를 할 때 손을 올리는데 그것이 악수하자는 걸로 착각을 해서 나는 발끝을 올려 신부님의 키에 맞추어서 악수를 하고 말았다. 신부님도 할 수 없이 나와 악수를 하고는 호탕하게 웃었다. 그때의 민망함을 생각하니 등에서 땀이 났다.

나는 장병들에게 세례를 받으라고 권유했다. 그 장병들은 대답 대신 미소를 보냈다. 그 모습이 아름다운 크리스마스이브의 그림이다.

(2016)

회전문에 얽힌 사연

수필동호회에서 문학기행가는 날이다. 경기도청 청사 위로 이어지는 도로변에는 벚꽃이 줄줄이 있고 그곳에서 벚꽃구경을 마치고, 시 낭송하는 시간이 있었다. 각자 준비해온 시를 낭송하고, 이야기꽃은 이어져갔다. 하늘을 바라보았다. 화사하게 핀 벚꽃은 사람들을 설레게 하고, 봄바람에 날리는 벚꽃잎은 회전문이 오버랩되어 내 머리를 스쳐간다.

'이를 어째.'

내가 회전문에 갇혔다. 사람들이 몰려오고 구경거리가 되고 말았다. 숨고 싶었다.

결혼 전에 남편과 데이트할 때였다. 남편이 창경궁 밤 벚꽃을 보러 가자고 했다. 우리는 프라자 호텔에서 만나기로 했다. 흔치 않았던 회전문은 요즘처럼 자동문도 아니고 넓지도 않았다. 한 사람씩 손으로 밀고 들어가야 했다. 그 문을 사용해 본 적이 없는 나는 무리하게 앞사람을 따라 들어가다 가방이 문에 걸려 갇혔다.

로비에서 나를 기다리고 있던 남편은 얼굴을 들지도 못하고, 가만히 앉아 있었다. 그런데 나를 일으켜 주는 사람이 있었다. 누군가 봤다, 남편이다. 신선하게 다가오는 모습이 오늘 벚꽃을 보고 설레는 마음과 같았다. 알고 보니 남편은 수습을 다 하고, 고개를 떨구고 쪼그리고 앉아있던 나를 일으켜 손을 꼭 잡아 주었다.

'이 남자와 결혼을 해야겠다.'

마음을 정했다. 한동안 창피함에 눈을 쳐다보지도 못하고 창경궁으로 갔다. 화사하게 빛나는 밤 벚꽃은 그날따라 빛나 보였다. 영화 '웰 컴 투 동막골'에서 본 영상이 떠오른다. 옥수수 창고에 포탄이 터지면서 알갱이가 낱낱이 팝콘이 되어 눈처럼 내리던 광경이 생각난다. 우리는 밤 벚꽃길을 걸으며 많은 이야기를 나누었다. 지금은 어떤 회전문도 당당하고, 떳떳하게 들어간다. 그날의 회전문은 지금 우리를 이어준 사랑의 묘약이었다.

(2015)

아버지를 따라간 매화

“아범아 너는 어제 출장에서 돌아왔고, 허리도 아프니 이번 벌초는 쉬거라. 엄마와 다녀오마.”

“아니예요. 제가 가야죠. 형들과 동생들에게 간다고 말했어요.”

“그럼 예초기는 다른 사람에게 맡겨라.”

남편은 허리를 다친 아들이 걱정되는 모양이었다.

“내가 죽거든 화장을 해서 우리 집 마당에 있는 매화나무 밑에 묻어라.”

아버지는 우리에게 그렇게 유언하였다. 지금 생각하니 30년 전에 수목장을 생각한 것이다.

아버지는 1·4후퇴 때 피난 오고, 부모님 산소에 한 번도 못 갔다고 한숨을 쉰 적이 몇 번이던가. 어느 날, 할아버지 할머니 사진을 멋있는 액자로 바꾸어 와서, 벽에다 걸어놓고는 몇 시간 동안 들여다보고 눈물을 흘렸다.

할머니와 같이 피난 오면서 길주에서 기다리라고 했는데 그 기차는 피난민이 너무 많아서 길주에서 쉬지 않고 남쪽으로 내려오는 바람에 할머니와 생이별을 하고 말았다. 친정에서는 할아버지 제사 때 할머니 제사도 같이 지낸다.

"불러 봐도 울어 봐도 못 오실 어머님을 원통해 불러보고 땅을 치며 통곡한들 다시 못 올 어머니여 불초한 이 자식은 생전에 지은 죄를 엎드려 빕니다."

이 대중가요는 아버지가 즐겨 부르던 노래이다. 노래를 부르면서 처음에는 눈시울을 붉히다가, 영화 '국제시장'의 황정민이 아버지 제사 때 방에 들어가서 통곡하던 장면처럼 아버지는 그렇게 통곡을 했다.

일찍 세상과 이별한 나의 부모님이 그리워질 때 나도 이 노래를 흥얼거리며 흘러내리는 눈물을 어찌할 수가 없다.

아버지는 홍매화를 좋아해서 정원에 매화나무를 심었다. 아버지는 그 나무를 망연히(茫然) 바라보고 이북에 두고 온 부모, 형제를 생각하며 오열을 했다.

아버지가 돌아가시고, 문중 어른들의 판단에 따라 강화에 있는 문중 선산에 아버지를 보내드리고 그 옆에 매화나무를 심었다. 아버지가 원하던 집 마당에 묻지는 못했다. 아버지는 오매불망(寤寐不忘) 그리던 부모, 형제와 재회해서 못다 한 정을 나누었을까.

남편의 본가는 파주이다. 그곳은 자유로로 가는 길이다. 그 길 저 편에는 아버지의 고향이 있다. 벌초 가는 날 유난히 날씨가 맑다. 일찍 일어난 손주들은 어느새 잠이 들었다. 나는 북쪽 하늘을 바라본다. 아이들이 볼세라 눈물을 감추며 아버지를 불러본다.

(2016)

어머니의 선물

"엄마 나 시간을 되돌릴 수 있다면 일요일로 돌아가서 엄마 상처 주지 말았어야 하는데 ㅠ 너무너무 후회해. ㅠㅠ 가슴 미어지게 해서 미안해요. ㅠㅠ

엄마 건강히 오래오래 내 옆에 있어 줘. 엄마는 내가 세상에서 제일 사랑해. 엄마 너무 미안해요. 진심으로, 그러니까 엄마는 외할머니처럼 일찍 돌아가서 나 외롭게 혼자 두지 마세요. 지난 32년 동안 너무 죄송한 일만 많았어요."

딸이 문자를 보냈다. 이 문자를 보니 어머니가 보고 싶어진다. 나는 어머니가 무서웠다. 따뜻한 말 한마디 나눈 적이 없다. 언제나 훈계와 질책으로 반듯하기만을 바랐다. 그런 어머니를 나는 '계모'라고 했다. 집은 항상 빛이 날 정도로 깨끗하고 정갈했다.

어머니의 음식을 먹어본 사람은 지금도 그 맛을 잊을 수가 없다고 한다. 어머니의 밥이 먹고 싶다. 밥은 항상 따뜻하고, 반찬의 맛은 우주가 다 내 것처럼 느껴졌던 것 같다. 음식은 예쁜 그릇에 담겨져 있었다. 구수하게 풍기는 쌀밥에 지글지글 끓고 있는 된장찌개와 적당히 구워진 갈치의 상차림만 바라봐도 침이 고였다. 음식을 하고 있을 때 유일하게 미소 띤 어머니의 얼굴을 볼 수가 있었다.

아버지의 전근으로 나는 초등학교를 3번이나 전학을 다녔다. 그럴 때 뒤처진 수업을 보충시키려고 밤늦게까지 공부를 시켰다. 놀고 싶고, 자고 싶은 것을 어머니가 무서워서 책상에서 졸았다. 엄마는 왜 나에게 이런 시련을 주시냐고 원망하곤 했다. 뭐든 일인자가 되기를 바랐던 어머니의 품에 오늘은 안기고 싶어진다. 딸의 문자 때문이다.

딸이 임신을 해서 먹고 싶은 것이 있으니 음식을 해달라고 했다. 나는 바쁜 일정을 소화하느라 딸을 보살필 겨를이 없었다. 딸이 서운했던 모양이다. 엄마는 무엇이 더 소중하고 중요하냐며 한바탕 소동을 벌이고, 울면서 신혼집으로 갔다. 내내 마음이 편하지 않았다. 거울 속에 비친 내 모습이 낯설게 느껴진다. 나의 어머니는 정은 없었지만, 무언가 먹고 싶다고 하면 어느새 눈앞에 그 음식이 와 있었는데…. 눈물이

핑 돌았다.

처음 눈을 맞추며 쌩긋 웃어주던 딸에게 나는 다정하고, 따뜻한 엄마가 되어주겠다고 다짐했는데, 지키지 못해 미안했다. 옷을 주섬주섬 챙겨 입고 마트로 갔다. 무엇을 해줄까 한참을 서성이다가 육개장과 맑은 무국, 불고기, 갈치조림, 장조림, 고사리나물, 오이무침 등 딸이 좋아하는 것들을 사와서 하루 종일 음식을 했다. 어머니를 흉내낼 수는 없지만, 나의 음식 솜씨는 엄마에게 받은 선물이다. 딸 역시 내가 만들어준 음식을 먹으면 행복해 한다. 내일 이 음식을 딸에게 전달해줄 생각을 하니 입가에는 미소가 번진다.

(2016. 청담수필)

야구장에서

추석 차례를 지내고, 손님들이 갔다. 우리 부부와 아들 가족이 남아 윷놀이를 했다. 네 살배기 손자는 말을 알아들어 제법 윷을 던지며 어른들과 섞여 있었다. 세 살짜리 손자는 막무가내 혼자만 윷을 가지려들고 윷판에 엎드려 방해를 놓더니 울고 말았다. 우리는 윷을 그만 두고 TV에 눈을 돌려 야구를 보고 흥분하기 시작했다.

우리가 응원하는 팀이 지고 있다. 역전에 역전을 당하고 10:6으로 지고 말았다. 우리 가족은 다음날 야구장에서 모였다. 아들, 딸, 며느리, 사위, 손자, 10개월 된 외손녀까지 9식구는 가끔 야구장에서 여름휴가를 보내곤 한다.

우리가 응원하는 넥센구장은 올해 만들어진 돔구장으로 다른 구장과는 다르게 여름에 에어컨 시설이 되어 있어 25도를 유지한다. 또한 지붕이 있어서 햇살을 차단하고 있으니 여름 휴가를 보내기에 안성맞춤이다.

좋아하는 야구를 관람하고 온 가족이 모여 음식도 먹고, 공동 취미가 있어서 대화의 꽃을 피운다. 4살 손자는 아빠가 회사 야구팀에 속해 있어서 가끔 데리고 경기하러 가기 때문에 야구 규율을 조금은 알고 있어서 흥미로워한다.

사위는 야구를 별로 좋아하지 않았는데, 결혼하고 딸과 야구장에 갔다가 관중석으로 떨어진 공을 맨손으로 잡고 나서 그때의 짜릿함을 잊지 못하고 직장 야구팀에서 선수로 활약하고 있다.

나의 친정 식구들은 운동을 즐겼다. TV에서 축구, 야구, 레슬링 등 중요한 경기를 중계하는 날이면 집이 떠내려 갈 것 같이 응원을 했다. 응원하는 팀이 승리하면 흥분해서 그날은 공부를 게을리 해도 부모님은 그다지 신경을 쓰지 않았다.

그런 가족 분위기 덕에 나는 어려서부터 음악과 운동을 즐겼다. 그것을 하는 동안은 부모님의 엄한 훈육을 잊을 수 있었던 것 같다. 나에게 기대가 컸던 부모님은 무엇이든 다 잘하길 바랐지만, 나는 '나도 못하는 게 있어요'라고 혼잣말을 하곤 했다.

그런 부모님의 교육방식이 싫었던 나는 부모님과 다른 방법을 채택했다. 물론 교육에는 정답이 없지만 아이들에게 선택권을 부여하고, 본인의 결정에 따른 책임과 의무를 잘 할 수 있게 교육했다. 그러한 까닭인지 아들은 사고유추성과 창의성이 발달되었다. 나름대로 성실하고 본인이 맡은 책임을 잘 하고 있다. 딸은 자신의 달란트를 마음껏 살려 뮤지컬 배우로 자기 기량을 뽐내고 있다.

오늘 경기는 넥센히어로즈가 올 시즌 고척에서 마지막 홈 경기를 치르는 날이다. 우리는 오늘 경기의 승리를 기대했다. 추석 연휴인데도 많은 사람들이 돔구장에 왔다. 큰손자는 경기가 시작되자 꼼짝하지 않고 경기를 지켜보고 있었다. 선수가 공을 치고 뛰어가면 '뛰어 뛰어' 하면서 본인도 뛰고 있었다. 응원가가 나오면 가르쳐 달라고 조르고 따라 부르기도 한다. 야구장에 데리고 다닐 맛이 났다.

홈런이 되자 응원가가 퍼지고, 손자는 아빠와 야구 볼 주고받기를 하고 있었다. 둘째 손자는 이리저리 뛰어 다니고, 남편은 그 아이를 잡으러 다녔다. 마침내 유모차에 태워 왔다 갔다 하면서 그 아이를 재웠다. 외손녀는 7개월부터 야구장을 방문한 야구팬이다. 엄마 품에서 잠들고 있다가 깨기를 반복했다. TV에서 야구 중계를 하면 뚫어지게 지켜보고 있다.

경기는 4회 말에 1점이 나고, 7회 말에 윤석민의 만루 홈

런과 1점을 더해 5대 0으로 대승을 거두었다. 우리가 홈구장에 와서 응원하는 날은 항상 승리를 한다.

경기 도중에 카톡 문자를 아들이 받고 급히 나에게 왔다.

"엄마, 삼촌들도 여기에 있대요."

"그래, 그럼 이리로 오라고 해."

같은 서울에 살면서도 얼굴 보기가 힘들었던 동생들을 예상하지 않던 야구장에서 만났다. 경기가 끝나고 우린 집으로 돌아와 우연히 만난 동생들과 경기의 승리를 맛보며 기분 좋게 한잔하고 담소를 나누었다.

운동은 하는 사람도 좋고 보는 사람도 좋다. 서로를 하나로 결속시키는 힘이 있다.

(2016)

바 둑

내가 좋아하는 최고의 실력자 이세돌 9단과 인공지능 프로그램의 최고 알파고와의 역사적인 바둑 대결을 가슴조이며 보고 있습니다. 기계가 인간에게 도전을 한 것입니다.

아버지 생각이 납니다.

아버지는 집에만 들어오면 바둑으로 시간을 보냈습니다. 우리 집은 항상 아저씨들이 있었습니다. 아버지와 바둑 대결을 하기 위해서 찾아오는 손님들이었습니다.

바둑은 한자로는 '기(碁)' '기(棋)'라고 하며, '혁기(奕棋)' '혁(奕)' '위기(圍棋)' '위기(圍碁)'라고도 합니다. 바둑이 처음 생겨난 곳은 중국이라고 전해지지만 정확한 기원은 찾을 수 없습니다. 우리나라는 삼국시대에 이미 바둑이 널리 알려졌을 것이라고 전해집니다.

바둑의 용어로는 일상생활에서 많이 쓰이고 있습니다. 꼼수(상대의 실수를 노리면서 이득을 보려는 뜻), 정수(정정당당하게 바둑을 두는 것), 헛수(헛되이 두는 수), 암수(속임수), 그 밖에 패싸움, 무리수, 초강수(강력한 방법을 사용하는 것), 승부수(판국의 승패를 좌우하는 결정적인 수), 국면, 판세, 국세, 호구 등등 드라마 제목이었던 미생(집이나 대마가 아직 완전하게 살아 있지 않은 상태)도 바둑에서 연관된 말입니다.

바둑은 흑백의 돌로 집의 숫자에 따라 승부를 가린다고 단순하게 생각하지만, 바둑을 두면 한 번도 같은 수가 나오지 않고 다양한 경우의 수가 나옵니다.

손님들이 오지 않을 땐 아버지와 나는 '알까기'로 시작해서 '오목'에 이어 '바둑'까지 두었습니다. 잘 풀리지 않을 때 한 수만 물려달라고 떼를 쓰며 무리수를 둡니다. 그러면 아버지는 정석으로 하라고 하고, 꿀밤을 주었습니다.

바둑을 두면서 다양한 수로 상대의 심리를 읽을 수 있었고, 변칙을 쓰며 흔들어 보기도 했습니다. 알파고는 변칙 수로 흔들어도 그것을 느끼지 못합니다. 왜냐하면 감정이 없기 때문입니다.

인간의 피조물인 인공지능 알파고는 창조주의 피조물인 인간에게 감성영역까지 도전한다고 합니다.

감히 사람이 접근할 수 없는 신의 영역이 있습니다. 태초에 하느님께서는 하느님 보기에 탐스럽고 먹기에 좋은 나무를 흙에서 자라게 하시고, 동산 한가운데에는 생명나무와 선과 악을 알게 하는 나무를 자라게 하고 그것을 따, 먹으면 안 된다고 하셨습니다. 그러나 인간은 불경죄를 짓고 말았습니다.

무엇을 창조한다는 것은 그 범위에서 지정한 경계가 있어야 할 것입니다. 인간의 통제가 가능할 수 있도록 조절해 가야 할 것입니다.

(2016)

넌 아름다움의 결정체야

"관객은?"

"지붕까지 꽉 찼어."

"기자는?"

"유럽의 신문사 기자는 다 왔어."

"나 어때?"

"응. 넌 인도에서 온 아름다움의 결정체야."

뮤지컬 '마타하리'에서 마타하리가 의상을 담당하는 안나에게 하는 공연 전 대사이다.

우리나라에는 여인의 일생을 그린 영화나 드라마가 많이 있다. 내용은 주로 어려서 시집을 와서 시부모와의 갈등과 남편과의 사이에서 벌어지는 이야기다.

근래에는 피의 전쟁이 주로 드라마에 많이 등장한다. 출생의 비밀을 알게 되면서 벌어지는 사건이 다루어진다. 감추려는 자와 알려고 하는 자의 질투와 복수로 이야기는 전개된다. 사람들은 욕을 하면서도 자극적이고 극단적인 설정과 자신의 야욕을 채우려는 막장 드라마를 보고 통쾌해 한다.

마타하리는 실존 인물이다. 어려서 삼촌에게 성폭행을 당하고, 불행한 결혼생활은 이혼으로 이어진다. 마타하리에게는 가진 것이라곤 몸밖에 없다. 우연하게 춤을 추게 되고 물랑루즈의 최고 무희가 된다.

그녀의 춤은 남자들을 매혹시킨다. 1차 대전이 시작되자, 그녀의 뜻과는 관계없이 프랑스와 독일의 이중 스파이가 된다. 프랑스와 독일을 넘나들면서 그녀는 위태롭고 신비스런 사랑을 한다. 그녀의 사랑은 순수하고 조마조마 하지만 결국 그 사랑은 처참한 죽음으로 끝을 맺는다.

뮤지컬은 마타하리의 힘들고 어두웠던 생활보다는 '사랑'에 초점을 맞추고 있다. '목숨을 전부 걸어도 좋으니 내 길은 오직 하나뿐 사랑하는 그대 품안에' 이 노래에서 그녀의 지고지순한 사랑을 표현했다.

내 친구는 사랑을 선택해서 가족의 반대도 뿌리치고 결혼을 했다. 그 당시 남자는 무명밴드에서 기타 보컬을 담당하는 가난한 사람이었다. 친구의 부모는 그 남자를 사위로 받아들일 수 없다고 단호하게 반대했지만, 친구는 부모보다는 남자를 택했다. 둘이 언약식을 하고 집을 떠났다.

부산에 있다는 소문을 듣고 어떻게 연락이 되어서 만나기로 하였으나, 친구는 영영 나오지 않았다. 아무도 그 친구 소식을 아는 사람이 없다. 항간에는 이 세상 사람이 아니라는 소문과 함께 그 친구는 우리 앞에 나타나지 않았다.

앨범을 뒤적거리다 여고 때 그녀와 찍은 사진을 발견했다. 하교할 때면 분식집을 들러서 떡볶이와 튀김을 사먹고 깔깔되던 일들과 대학 진학 때문에 힘들었던 일 등이 기억 속에서 꿈틀거린다.

결국 그 친구는 졸업과 동시에 결혼을 선택했다. 친구가 떠나고 수십 년이 흘렀지만 친구와 함께했던 시간들이 그립다. 담장 위로 피어난 주홍빛의 능소화에 친구의 얼굴이 오버랩 된다.

(2017. 청담수필)

빨간 신호등

운전을 할 때, 한번 빨간 신호등에 걸리면 교차로마다 빨간 신호를 만나는 경향이 있다. 신호대기 중일 때가 운전자에게는 잠깐 쉬는 시간이 되기도 한다. 우리 몸도 약해지거나 이런 저런 일을 쉬지 않고 자신의 욕구와 야망을 채우려는 힘이 더 강하거나, 외면하면 내 몸에 적신호가 켜진다.

완벽하고 깔끔한 사람, 일을 많이 벌여놓고 분주하게 움직이는 사람, 실틈없이 짜여진 각본에 행동하는 사람 등은 건강에 적신호가 와도 모르고 그 일에 매몰되어 있다가 사고가 나고 나서야 자각한다.

'그때 쉬어야 하는건데….'

어머니가 돌아가시던 날, 나는 아이들에게 1층에 사는 카타리나 이모를 불러오게 했다. 언니는 가족들의 아침식사를 차리던 손을 멈추고 밥 먹고 출근하라는 말을 남기고 우리 집으로 왔다. 우선 우리 가족을 진정시키고, 기도를 했다.

레지오 단장이었던 언니는 침착하게 일을 진행하여 어머니의 장례를 치를 수 있었다. 여자 형제가 없던 언니와 나는 친자매처럼 지내는 사이가 되었다. 언니의 성격은 모든 면에 완벽을 추구했다. 집안은 언제나 깔끔하게 정돈되어 있었고, 음식솜씨도 좋아서 맛난 음식을 하면 나에게 나누어 주곤 하였다.

얼마 전, 언니의 남편에게서 전화가 왔다. 상의할 일이 있다고 했다. 언니는 요사이 건강이 좋지 않았다. 무슨 일인지 걱정이 되었다. 뜻밖의 소식에 나는 한동안 멍하니 아무 말도 할 수가 없었다. 언니가 쓰러졌는데 골든타임을 놓쳐서 심폐소생술을 했으나 의식이 없이 중환자실에 있다는 것이다.

언니는 성당의 심신단체에서 중책을 맡아왔다. 일을 빈틈없이 처리하려다 보니 스트레스가 쌓이고, 사람들의 따가운 시선을 받기도 했다. 자신의 감정을 드러내지 못하고, 완벽한 시나리오를 짜놓고 이행했다. 회의를 주도할 때는 목소리 톤까지 연습을 했다. 타인에게 자신의 치부를 드러내지 않고, 시름시름 병들어 가고 있었다.

결국 자신을 스스로 무너뜨린 것이다. 타인의 지적에 크게 상처를 받아 자신을 괴롭히며, 마음과 몸에 병이 들었다. 하루하루를 견디기 못할 만큼 힘들었다. 나는 그 마음이 이해가 되었다.

나도 여러 번 내 몸에 적신호를 받았다. 내 능력에 버거운 일을 맡아 놓고, 내가 살아 있다는 것만 의식했다. 과로에 숨어있던 기관지 천식이 내 몸을 치고 나서야 내 자신을 돌아보았다. 일을 줄이고 건강을 유지해야 함이 올해의 할 일 중에 첫 번째 항목이다.

병원에 가보니 언니의 아름답고 고운 자태는 볼 수가 없었다. 항상 단정하고 웃는 모습이 사랑스러운 여인이었는데….

시어머니가 영세를 받고, 몸이 불편하여 성당에 미사를 드리러 가지는 못했다. 성당에서는 이런 환자를 위해 신부님이 한 달에 한번 환자의 가정을 방문하여 봉성체를 한다. 어머니는 신부님이 오시면 주머니에 꼭꼭 숨겨놓은 만 원짜리 지폐를 슬그머니 신부님 손에 쥐어 주었다.

이때 우리 집을 방문한 김 신부님은 어머니의 그런 모습을 좋아하며, 우리 집에 머무는 시간이 길었다. 김 신부님이 과도한 업무와 스트레스로 쓰러져서 12년 동안 식물인간으로 살았다, 사제서품 29년 째 되던 날 선종했다.

신부님의 누님이 간병을 했다. 그녀는 신부님이 언젠가 벌떡 일어날 거라는 희망을 버리지 않았다. 장례미사를 마치고 신부님에게 마지막 인사를 하려는데 세찬 바람이 불었다. 바람도 슬퍼하고 있었다.

이러는 사이 딸은 출산을 하여 예쁜 손자를 안겨주었다. 꽃이 피고 지듯, 우리의 인생도 만나고 헤어지기를 반복한다.

신부님은 가시고, 언니는 일어나지 못하고, 아기는 태어난 시점에 내가 서 있다. 나는 병원에서 돌아오며 울어야 할지 웃어야 할지, 내 감정을 다스리기가 힘이 들었다.

'언니, 이 사순시기에 언니를 위해 기도합니다. 언니 자신과의 싸움에서 승리하세요. 잠시 쉬는 동안 삶을 충전하고, 빨간 신호등이 푸른 신호등으로 바뀌면 아무 일 없었던 듯 툭툭 털고 일어나기를 기다릴게요.'

(2018)

개집 앞에 자전거

나의 일주일은 분주하면서, 감성이 있고 에너지가 넘친다. 월요일에는 화실을 가고, 화요일과 목요일은 여유롭게 글을 쓰고, 강아지와 산책하며 체력을 단련한다. 수요일에는 수필반에서 수업을 듣고, 금요일은 성당 신심단체인 레지오 주회를 하며 일주일 동안 성모님께 기도하고 선행과 봉사를 우선으로 한다. 토요일과 일요일은 결혼식과 미사 그리고 결혼한 아들, 딸 가족과 지낸다.

화실 가는 월요일, 밤새 내린 눈이 온 세상을 하얗게 덮었다. 폭설로 인해 차로 이동하기에는 어려웠다. 차로 한 시간 걸리는 용인에 화실이 있다. 눈이 계속 내린다. 나는 L언니와 함께 대중교통으로 가기로 하고 버스에 몸을 실었다.

얼마 전에 나는 개집 앞에 새워져 있는 빨간 자전거를 그렸다. 소복이 쌓였던 눈이 햇볕에 녹아내려는 장면을 연출했다. 그림의 제목을 '동면'이라고 했다.

눈이 펑펑 쏟아지는 오늘 같은 날에 빨간 자전거를 개집 앞에 세워 둔 것이다. 자전거는 지금 달릴 수 없지만 눈이 녹고 봄이 오면, 달릴 수 있을 것이다. 우리 화실에서는 매년 12월이면 전시를 한다. 전시는 물론 각자의 꿈을 향해 붓을 든다.

'붓쟁이'들과 나누는 이야기는 감칠맛이 난다. 화실 창 너머로 저수지가 내려다보이고, 봄에는 둑에서 나물을 캐고, 여름이면 선생님이 심어놓은 고추, 상추, 가지, 호박 등 먹을거리가 풍성하다.

화실의 셰프인 L언니는 먹거리 준비를 해 와서 점심과 저녁이 해결된다. 나의 감성에너지를 쏟아내고 돌아오는 길은 이런 저런 재미가 곁들여진다.

눈이 이렇게 오면 교통체증이 심할 것 같아 화실로 가던 발길을 돌려 집으로 향했다. 언니와 난 점심을 먹으러 압구정동에 있는 '돈가스' 집을 갔다. 그곳은 돈가스를 하고 남은 고기를 불우한 이웃을 위해 양로원이나 고아원 등에 주는 선행을 한다. '돈가스' 집 사장은 우리 화실 선생님과 오래된 지인으로, 화실에도 고기를 가져다주어서 여러 가지 요리를 해먹었다. 그 사장이 우리를 보며 반겼다. 우린 서로 부둥켜 안고 반가운 인사를 나누었다.

직원이 만들어 놓은 눈사람 앞에서 사진을 찍고, 말없이 행하는 사장의 아름다운 행보를 봤다. 말로만 발로만 천주교신자인 나는 그 사장에게 성모님의 사랑을 느꼈다. 레지오를 하면서 활동보고를 하기 위한 봉사를 한 것도 마음에 걸렸다.

내가 언제까지 그림을 그리고 글을 쓸지는 모른다. 그림 속 자전거가 동면에서 깨어나 앙상한 가지에 새순을 돋는 봄과 함께 그림 밖으로 외출하는 날을 기다린다. 그날을 위해 나는 바퀴를 갈고, 자전거를 수리를 할 참이다.

내 인생도 녹이 슬지 않게 묵주를 돌리고, 하루하루 글을 쓰며 영혼의 자유를 얻는 그날을 꿈꾼다.

전시하던 날 자전거 그림 앞에서 한참을 바라보던 분이 '이 자전거 얼마에 파나요?' 했던 말이 떠오르며 미소가 번진다.

(2018)

내가 가야할 길은

나는 운전할 때 내비게이션 말을 듣지 않다가 낭패를 본다. 아는 길이라고 내 마음대로 가다가 그 길을 지나치거나 훨씬 전에 빠져 나와 헤매다가 약속 시간을 훌쩍 넘겨버린다. 그럴 때마다 얼굴이 벌게지고 당황하게 된다. 학창 시절 친구들과 '땡땡이' 치다가 선생님께 몹시 혼난 일이 생각난다.

수업을 빼 먹고 학교 앞 분식집에서 떡볶이와 튀김을 사먹으며 수다를 떨다가 영화관으로 향했다. 무슨 영화를 봤는지 기억이 가물가물하지만, 선생님의 시선을 따돌린 그 짜릿함을 잊을 수 없다. 우리는 그렇게 일탈을 꿈꾸었지만 그것도 잠깐이었다. 집에 갈 때는 가족들 몰래 숨어 들어가 이불을 뒤집어쓰고 자는 척 해야만 했다.

다음날, 어머니의 잔소리 날벼락이 떨어지고 선생님은 호

된 꾸지람과 함께 일주일 동안 화장실 청소 명령을 내렸다. 그런 역사의 시간도 흘러가고 성인이 된 어느 날, 성당 앞을 지날 때, 내 발걸음이 이상스럽게도 성당 안으로 빨려 들어갔다. 미사절차도 모르는데 성가를 부를 때 눈물이 시야를 흐려놓더니 점점 콧물까지 나오고 있다.

'빌어먹을… 이 마음은 뭐냐, 내가 왜 이곳에서 눈물을 쏟는 거야 도대체….'

그날 집에 와서 나는 아버지께 물었다.

"아버지, 성당 앞에서 발걸음이 멈추어서 나도 모르게 성당 안으로 들어가서 미사를 보게 되요. 아버지 나 왜 그래요?"

아버지는 그때 내게 말했다.

"너의 할아버지는 독립운동을 하면서 천주교인이셨다. 옥에 갇혀서도 성경 필사했고 서른아홉 젊은 나이에 옥사했다."

아버지는 목이 메어하더니 1·4후퇴 때 월남하면서 그 책을 가져오지 못한 것을 후회하였다. 어느새 아버지 볼을 타고 눈물이 흘렀다. 물론 친정식구도 천주교인은 아니었다.

나는 까마득하게 그 일을 잊고 뿌리박힌 유교 집안으로 결혼하게 되었고, 시부모를 모시고 사는 생활에 적응하지 못할 무렵에서야 문득 할아버지 생각이 떠올랐다. 그때 다시 성당을 찾아가서 중단했던 교리를 받고 세례를 받았다. 내가 성당으로 끌린 것이 성령의 힘이었다는 것을 그제서야 알게 되었다. 다행히 시부모는 반대하지 않았다. 시아버지는 대세를 받고 한 달 만에 하느님 품으로 갔다. 그로인해 우리 가족은 성당에 입교했다. 몸이 불편한 시어머니는 세례를 받은 날부터 15여 년 동안 봉성체를 받아 모셨다. 천주교가 무엇인지도 모르고 기도는 천지신명에게나 하는 것인 줄로만 알던 시어머니가 선종하기 전에 내가 하느님께 끈질기게 기도하며 쉬지 않고 성서를 읽어주어서 이제야 예수님을 알 수 있게 되었다고 말해주었다.

그렇다고 내게 드러나게 어떤 영적 힘이 느껴지는 것은 아니지만, 나도 모르게 나를 이끄는 힘이 있다는 것을 믿을 수 있다. 세례 때 내게 성령이란 '네비게이션'을 달아주었으므로 내가 가야 할 길은 정해져 있는 것만은 확실하다.

(2014. 청담성당 주보, 2016. 청담수필)

4.

청소기와 묵주

내 마음 청소기는 묵주이다. 5월, 로사리오 성월에 세상은 미세먼지로 희뿌옇더라도 내 마음은 청명한 하늘이기를 꿈꾸며 더 자주 묵주를 돌린다.

청소기와 묵주

손주들이 다녀간 흔적이 집안 곳곳에 고스란히 남아있다. 어지럽힌 장난감과 잡동사니를 제 자리에 정돈하고 청소기를 돌렸다. 평소에 일을 시작하기 전에 주변을 정리하는 버릇이 있다.

청소기가 먼지를 빨아들이는 흡입력이 약하고, 윙하는 소리만 요란하며 시원하게 청소가 되지 않았다. 무엇이 문제일까? 청소를 멈추고 내부를 살펴보았다. 지난번, 청소하고 청소기에 있는 먼지를 털어내지 않아 먼지가 가득 차 있었다. 청소기의 이물질을 제거하니 가뿐하게 청소가 되어 상쾌해졌다. 먼지는 보잘것없지만, 보이지 않는 먼지가 쌓여서 청소기가 작동이 되지 않았다. 청소기는 먼지를 비워야 청소가 되고, 인간은 기도를 통해 말씀의 진리가 오는 길을 닦아내야 주님과 만나는 시간이 된다. 청소는 주변이 깨끗하게 되고, 기도는 우리 영혼을 맑게 해주는 역할을 한다.

밤새 기침이 심해서 잠을 설치다가 평소보다 일찍 깨어서 기도를 했다. 마음이 심란하다. 어린이집에서 옮아온 손주들의 감기는 나았는지, 오늘 행사에서 노래를 해야 하는 딸은 감기가 심한데 노래를 잘 불렀는지 걱정이 되었다.

요즘은 미세먼지로 인해 감기를 앓는 사람들이 계절이 무색하다. 사람은 하루에 이만 오천 번 정도 숨을 쉬고 있다. 미세먼지가 기관지를 거쳐 폐를 지나 간으로 들어가는데 4시간이면 독소가 침투한다고 한다.

강원도 내 일선 학교는 학생들의 건강을 위해, 수학여행과 체육대회에 비상이 걸렸다고 한다. 미세먼지 나쁨과 중국발 황사에다 꽃가루까지 날려서 행사를 축소하거나, 운동장 프로그램을 폐지하고 실내 체육대회를 실시하기로 했다는 소식도 들린다.

기관지가 좋지 않은 나는 날마다 청소를 하는데 티가 나지 않는다. 청소하고 돌아서면 또 먼지가 앉아있다. 특히 우리집은 오래된 아파트라서 청소를 해도 크게 티가 나지 않는다. 햇빛이 비추면 먼지는 곳곳에서 고개를 쳐들고 있다.

진공청소기는 소음과 함께 먼지나 이물질이 청소기 내부에 빨려온다. 한바탕 먼지 소탕작전을 한다. 청소기에 가득 찬 분진을 털어내지 않으면, 청소가 되지 않는다.

우리 몸도 숨 쉬고 있는 동안 깨끗이 비운다 해도 다시 먼지가 채워진다. 내 마음 청소를 하고 집진기에 모여 있는 먼지를 보면 힘들이지 않고 어려움 없이 즐거울 수 있기를 바라는 것은 욕심이거나 유혹이다. 형편에 맞게 수고하고 서로 어울려 사랑하며 자유롭게 살기를 선택하기 위해 나는 청소하고 기도한다.

내 마음 청소기는 묵주이다. 5월, 로사리오 성월에 세상은 미세먼지로 희뿌옇더라도 내 마음은 청명한 하늘이기를 꿈꾸며 더 자주 묵주를 돌린다.

(2017. 청담수필)

비상사태

어린이날, 어버이날이라 해서 아들과 딸네 가족이 모이니 9명이다. 우리는 어린이날을 기념하여 용인시에서 주최하는 '용인 농촌 테마파크 봄꽃 축제'에 갔다. 그곳에는 '물향기 수채화' 팀의 '아름다운 길 위에 수채화전'을 곁들인다.

내가 속해 있는 팀의 수채화 전시이다. 테마파크 안에 있는 꽃들과 함께 '아름다운 길 위에 수채화'가 또 다른 꽃이 되어 이곳을 찾은 사람들의 발길을 멈추게 한다.

현지에서 재배하는 농산물, 특산물 직거래와 체험을 할 수 있는 행사다. 직거래 장터에는 버섯, 잡곡, 딸기, 가래떡 등을 저렴하게 구입할 수 있다. 체험 부스에는 버섯 쿠키, 곤충과 식물 체험, 도자기, 컵 만들기 등 다양하고 흥미롭다. 사위와 며느리는 도자기 체험을 하면서 재미있고 신기하다고 호들갑을 떤다. 또 곳곳에 원두막이 있어 방문객을 반긴다. 어린이날을 뜻있게 보낼 수 있는 자연 속의 휴식공간이다.

미세먼지 농도가 심해서 망설이기는 했지만, 숲속이라서 괜찮다고 믿으며 떠났다. 이곳저곳을 둘러보고 그림 전시하는 곳으로 갔다. 다양하고 예쁜 꽃들과 함께하는 전시라서 더욱 아름다웠다. 하지만 야외에서 하는 전시라 바람이 불거나 비가 오면 그림을 옮겨야 하는 번거로움이 있다.

전시하는 내내 바람이 심했다. 우리가 갔던 날도 예외는 아니었다. 잔잔하던 날이 갑자기 바람이 불기 시작하더니 액자가 하나, 둘 넘어지며 깨지기 시작했다. 유리를 치우고 있는데 다시 저쪽에서 쨍그렁, 여기저기서 액자가 쓰러진다. 이 광경을 보고 있던 5살 손자가 '비상사태'를 선언한다.

"할머니 여기도 넘어져요. 이거 비상사태예요. 바람 불지 말라고 기도해야 해요."

평소에 기도하는 모습을 보였던 것이 아이에게 은연 중에 입력이 되어 있었나 보다. 어려운 상황에 대처하는 방법으로 기도를 떠올리니 말이다. 팔목에 묵주를 빼서 돌리며 기도를 했다.

그림들을 안전한 곳으로 옮기고 집으로 오는 차 안에서 손자 준서는 잠이 들었다. 아이는 액자가 쓰러져 유리가 깨지는 것이 바람 때문이라고 생각했다. 위기에 바람 불지 말라고 기도했는데 집에 와서 생각하니까 바람이 불어서 얼른 대처해서 처리 하는 것은 옳았다. 그런데 유리가 깨진 사람의 마음을 다치지 않게 도와달라고 청해야 했다. 아이 앞에서 그렇게 기도할 걸 미처 생각하지 못하고 있었다.

안전하기를 바라는 손자 준서는 어린이집에서나 놀이터에서 동생이 다칠까, 위험할까를 걱정하며 동생 곁을 지킨다. 그런 아이에게 나는 다른 사람이 알아차리지 못하게 넘치는 사랑으로 채워준다.

아마 하느님께서도 타인을 사랑하는 사람에게 더 큰 사랑을 부어 주실 것 같아서 기도는 쉴 수 없다. 부족한 내가 마음이 움직이는데 완전하신 하느님의 은총이 어떤 길로 우리에게 흘러들게 하는지 깨닫는 시점이다.

(2017. 청담수필)

지금 이 순간

"지금 이 순간 지금 여기 간절히 바라고 원했던 이 순간/ 나만의 꿈이 나만의 소원 이뤄질지 몰라 여기 바로 오늘/ 지금 이 순간 지금 여기 말로는 뭐라 할 수 없는 이 순간/ 참아온 나날 힘겹던 날 다 사라져간다. 연기처럼 멀리…."

뮤지컬 '지킬 앤 하이드'에 나오는 노래이다. 지킬박사는 정신병을 앓고 있는 아버지를 위해, 신약을 개발한다. 임상실험 대상을 찾지 못해서, 스스로 임상실험의 대상이 된다. 마음이 급하다. 간절히 바라고 원했던 순간 지킬은 인간의 내면에 무의식적으로 갖게 된 선과 악의 이중성을 분리할 수 있다고 믿는다. 그러나 지킬은 제2의 인격체인 하이드가 되어 모순되고 악한 모습을 드러낸다. 지킬이 신약을 개발하며 실험을 할 수 있는 시간을 지체하지 말아야 했던 것도 따지고 보면 부활을 기대하지 않았을까 하는 생각이 들었다. 아버지가 사탄의 함정에서 벗어나기를 바라며, 구원되기를 열망하고 지금 이 순간을 노래하던 지킬의 간절한 소망을 느낄 수 있었다.

"부활하신 예수님을 단순하게 기억하는 것은 의미가 없다. 2천년이 지난 지금 이 순간에 그분이 남기신 사랑의 행위, 대속의 의미, 모든 것을 내가 살고 있는 이 순간 부활의 의미로 되새기고 현재화시켜야 한다. 예수님의 죽음과 부활을 현재화시키는 시간이 되어야 한다. 자신을 포기하고, 희생하여 자신을 내려놓는 사람. 이러한 것이 죽음의 길이고 십자가의 길이다. 이 십자가를 통과해야만 부활의 영광을 맞이할 수 있다. 묵은 인간, 낡은 인간으로 살아가면 제대로 신앙생활을 못하고 있다."

부활 미사 때, 신부님의 강론을 듣고 나는 지금 이 순간 '묵은 인간인가,' '낡은 인간인가'를 스스로에게 물었다.

내가 구렁텅이에 빠질 때마다 예수님의 연민에 은혜를 받았다. 세례를 받고 다음 날 외출에서 돌아오는 길에 버스 안에서 잠시 눈을 감고 있었다. 한강대교를 지나는데 갑자기 눈앞이 환해지더니 반짝이는 강물 위로 예수님이 서 계시며 나를 바라보았다. 그 광채가 눈이 부시고 아름다워서 황홀경에 빠져 있었다. 어렵고 힘든 일이 있을 때면 환시로 나타난 예수님을 가슴에 새기며 축복의 기도를 했다.

사순기간 중 피정시간에 죄를 고백하고, 그 죄를 십자가에 못 박았다. 콧물과 눈물로 엉망진창이 되었다. 닭의 울음소리가 어둠을 거두고 새벽을 알리듯, 어둠이 사라지고 빛이 몰려들었다. 미사가 끝나고 성가대에서 할렐루야를 합창했다. 예수님이 부활하여 성모님이 기뻐하는 모습이 연상되어 미소가 절로 나왔다. 지금 이 순간 낡은 인간에서 벗어나 부활의 기쁨을 노래한다.

(2017. 청담성당 주보)

신부님이 주신 에코백

내 가방은 용도에 따라 모양도 가지각색이다. 수필교실 갈 때는 백팩을 메고 간다. 백 속에는 주저리주저리 이야기를 담고 있다. 화실에 갈 때는 화구가 담긴 가방을 든다. 성당에 갈 때는 내가 가진 것 중에서 최고로 예쁜 가방을 들고 간다. 하느님께 좋은 것, 가장 아끼는 것을 보여 드리기 위한 상징일 것이다. 가방 안에는 미사포와 미사책, 묵주, 레지오 수첩 등이 들어있다.

미사를 드리고 성당을 나오는데, 나를 아끼는 언니에게서 카톡이 왔다. 8월 4일부터 2박 3일 '성령 안에서 말씀과 함께하는 영성피정'에 같이 가자고 했다. 망설였다. 그때는 휴가 기간이라 가족들의 의견을 알아봐야 했다. 성령쇄신 영성피정이라 내 마음의 더러움이 들통날까 두려운 마음도 있었다.

하지만, 가족에게 휴가날짜는 피정 가는 날을 피해서 잡으라고 하고, 피정을 가야겠다고 결심을 했다. 피정 중에 신부님께서는 5가지 과제를 주셨다.

1. 나 자신을 위한 활동

   *하느님 안에서 나 자신 칭찬(하루 한 번 칭찬)

   *칭찬에 하느님께 감사

   *영적 지식 쌓기(성경말씀 묵상)

2. 가족활동

   *부부간에 축복기도

   *자식들에게 축복기도(하느님의 은총과 축복 안에서 거룩한 하루 보내기를 기도)

사실 나는 이런 피정이 싫었다. 내 속내가 다 보일까 봐 감추고 싶었다. 꺼내기 싫은 내 역사가 툭 튀어나올 것 같아서 피해왔다. 그런데 이번 피정을 통해서 감사의 일기와 축복의 기도를 해야겠다고 마음을 먹었다.

안수기도를 할 때, 내가 생각하는 어떤 사람을 위해서 기도하면 그 사람에게도 텔레파시가 통해서 연결된다는 말씀을 했다.

둘째 아이를 임신하고 있는 딸이 건강하게 순산하기를 기도하는데 놀랍게도 아들의 모습이 떠오르는 것이다. 남편은 아들이 결혼을 하겠다고 했을 때, 호의적이 아니었다. 아버지와 아들의 줄다리기에 우리 가족은 하루하루를 견딜 수가 없었다. 상견례 자리를 박차고 나온 남편은 아들을 소유하고 싶었던 것일까?

아들은 아버지에게 반항한 적이 없었기에, 남편은 자신의 감정을 아들이 받아들이기를 바랐을 것이다. 서로 드러내지 못한 감정들이 불어나, 남편과 아들은 우울증을 앓고 있었다. 둘의 마음을 헤아릴 수 없어 내 마음도 상처가 되어 죽고 싶을 만큼 괴로웠다. 아들은 마음에 대못이 박혀 너무 아파서 허우적거리고 있었다. 그 마음이 다칠까 봐 눈치만 보고 말없이 지켜보아야 했다. 가슴에 못을 박은 사람도, 못이 박힌 사람도 어느 하나 편하지 않았다.

두 사람이 화해하는 동안, 나는 원형 탈모증이 생겼다. 평소 가깝게 지내고 있는 신부님에게 주례를 부탁하고, 그동안의 사연을 토로하며 도움을 청했다. 신부님은 '이 또한 지나가리라'며 지켜보고 마음을 다스리자고 했다. 나는 매일 매일 기도하고 평화를 갈구했다. 기도와 성서 묵상이 치료약이었다.

그러는 동안 결혼 날짜는 다가왔다. 남편은 깊은 묵상 끝에 고해성사를 했다. 아들의 쓸쓸하고 고독한 뒷모습을 기약없이 지켜봐야 했던 시간들이 지나갔다.

생각을 변화시키는 것은 어떤 말보다, 그 사람을 배려하고 사랑과 믿음이 있어야 한다. 나는 종교가 있고, 기도할 곳이 있어서 다행이었다. 어색했던 시간이 흐르고, 시아버지와 며느리의 관계가 개선되었다. 서로 문자를 주고받는 사이가 되었지만, 지난날 고였던 구정물은 이제는 빠져나갔을까?

이런 저런 내 마음 속의 감정들을 드러내지 못하고, 도망가려 했다. 안수기도 중에 그 감정들을 들여다보았다. 눈물과 콧물이 나의 옷을 적시며 무기력하고 답답했던 마음이 치유되고 있음이 느껴졌다. 하느님께서 신부님의 손을 통해서 내 마음을 공감해주고, 내 상처를 안아주었다.

신부님이 미사 도중에 포도주를 제대보에 엎질러서 아찔했던 순간이 있었다고 한다. 그 얼룩은 마치, 신부님이 앞에서 미사를 주관하고, 그 밑에 신자들이 기도하는 모습으로 비쳤다고 한다. 그래서 그 무늬가 주님의 뜻이 있는 듯 느껴져 그 무늬를 프린트해서 에코백을 만들어서 피정을 온 신자들에게 나누어 주었다.

신부님이 주신 에코백에 신부님이 주신 활동, 나 자신을 칭찬하고 그 칭찬에 감사의 기도와 축복기도를 매일 해야겠다는 생각을 백 안에 가득 채웠다. 그리고 나를 이곳 피정에 이끌어준 언니에게 감사한 마음도 담았다. 피정 중에 만난 인연들의 슬프고 외로웠던 감정들을 하느님의 사랑을 통해 기름진 날들로 바꾸며 살아가고 있음을 배웠다.

내가 가지고 있는 가방의 의미는 나의 소중한 물건을 넣어 필요할 때 꺼내 쓰거나, 목적에 따라 가방을 바꾸어 사용하는 정도였다. 그러나 이번 피정 중에 신부님이 주신 가방에는 가슴깊이 숨겨 놓았던 감정들을 끄집어내어 담았다. 감사와 축복의 기도를 하는 변화된 나를 발견할 수 있었다. 그 모습은 화려하거나 겉에 드러나지는 않지만, 나에게 온 행복은 에코백에 넘쳐난다. 일상이 개운하다.

(2017)

바자회 풍경

청담성당에는 매년 5월이면 바자회를 개최한다. 올해는 '경제적으로 어려운 이웃과 질병으로 고통 받는 이웃을 위해' 바자회가 열렸다.

특히 2014년도는 '세월호'의 참사로 많은 사람들이 가족을 잃었다. 또한 경제적으로 힘든 시기여서 '아・나・바・다' 물품들이 예년에 비해 적게 나왔다.

마태복음 14장에 나오는 오병이어의 기적은 예수님께서 빵 다섯 개와 물고기 두 마리로 오천 명을 배불리 먹이신 이야기가 나온다. 바자회 결산을 하고 보면 이러한 행사가 바로 오병이어의 기적이 아닌가 싶다.

바자회 봉사 때, 나는 구두 코너를 맡았다. 봉사 중에 내 구두도 구입했다. 하얀 색깔의 부츠와 황금색의 리본이 달린 멋진 구두인데, 교우가 신던 중고품이기는 하지만, 그 구두를 신고 나갈 때면 어디서 이런 멋진 물건을 구입했냐며 사람들이 묻는다. 바자회에서 싼 가격에 물건을 사고, 불우한 이웃도 돕고, 봉사를 할 수 있으니 이것이 일석삼조의 효과를 본다.

나는 구역 반장을 거쳐 지금은 구역장으로 봉사하고 있다. 그러자니 우리 성당의 바자회를 4년 동안 보아온 셈이다.

바자회 현장에서 물건을 구입하는 사람들의 태도가 각양각색이다. 수고한다며 가격보다 더 얹혀 주고 가는 이가 있고, 무조건 깎아야만 직성이 풀리는 이도 있다. 징징대는 이, 안면이 있다고 상도의는 무시하는 이, 많은 물건을 골라가지고 터무니없는 돈을 쥐어주고 가는 이 등 판매 봉사자를 당황케 한다.

그런 사람들 속에서도 나는 행복하다. 하찮은 중고 물건을 판매하는데 자신들에게 어울리는 물건을 기가 막히게 고르고, 어울리냐고 묻곤 한다. 또한 선물할 물건도 고른다. 비록 중고 물품이지만, 많은 사람들이 저마다 골라들고 소중하게 여기는 모습을 보면 나는 흐뭇하다. 남이 쓰던 물건은 부정한 것이라고 거들떠보지 않은 사람도 있지만, 물건을 구입하는 사람들이 미소 지으면 나는 즐겁다.

어둠과 질병에서 고통 받고 있는 우리의 이웃에게, 지금 우리 성당에서 일어나고 있는 조그만 희생이 희망으로 남기를 바란다. 참 생명의 근원이신 예수님의 사랑을 작게나마 실천하여 크게 모으는 청담성당 교우들에게 봉사의 의미가 나누어지기를 바라게 된다.

설마 이번에도? 하면서 결과에 대해 약간의 의구심을 가지고 시작하지만, 그 결과는 늘 놀라움으로 끝난다. 시작과 끝을 주관하시는 하느님을 경험하게 하는 바자회는 이제 지역 주변인들에게도 계절별 문화행사로 자리잡아가고 있다. 정기적인 행사로 뿌리를 내리면 기다리는 사람도 있을 것이니 오묘한 조화일 뿐이다.

(2014. 청담성당 주보)

같이 가는 길

마음을 열고 다른 사람과 균형을 맞춰 감정을 표현할 때는 어떤 방법으로든 인생의 깊은 사랑을 얻을 수 있다.

나는 내 멋대로 하느님을 이해하고 복음생활을 했다. 나만 바라보고, 나만 사랑해 달라고 하느님께 말없이 졸라댔다. 혓바닥 신앙인의 한 사람으로 말로만 하느님 믿는다고 열심이었다. 보지 않고 믿는 신앙이 아니라, 직접 내 삶을 연결하는 센서가 되어달라고 했던 시절에 나에게 도움을 준 형님으로부터 레지오 입단을 권유받았다.

직장생활을 하고 있던 나에게는 어려운 일이었다. 그것이 잘 될지 안 될지 모르지만 나 자신이 방만하지 않기 위해서 교회에 뿌리를 두고 살아야겠다고 다짐했다. 내 생활이 특별한 변화를 보여주지는 못해도 일단 신심단체라기에 레지오에 입단했다. 입단하니 우리 쁘레시디움* 단원들은 서로 균형을 잘 맞추고 있었다. 사정이 있어 일산에서 오는 70세가 넘은 형님과 50년을 넘게 레지오 활동을 한 형님이 있었다. 지금은 이사하여 우리 성당에는 나오지 않지만, 따뜻하고 풍부한 경험들을 우리에게 알려주었던 기억은 두고두고 간직하고 싶다. 단원 중 밀양과 대전에 사는 부모님이 선종했을 땐 그곳까지 연도하러 갔었다. 서로 배려하고 상대방의 감정을 이해하려 하는 우리 팀이 나는 좋았다.

어릴 때 내 어머니는 따뜻하지 않았다. 사랑해주고, 칭찬해주며 안아주고 하는 친구들 어머니에 비해 나의 어머니는 그런 정을 주지 않았다. 맏이라서 친구 같은 어머니가 있는 친구들이 부러웠다.

레지오 활동을 하면서 나는 어머니에게서 부족했던 훈훈함을 형님들 사이에서 느낄 수 있었다. 성모님을 통해 기도하고, 성당 행사에 봉사로 참여하는 가운데 사랑이 오가는 생활에 웃음이 늘었다. 매주 금요일의 레지오 시간이 기다려졌다. 그 시간이 은총의 표징으로 내게 담긴다.

레지오를 하지 않았다면, 가슴이 끓던 중년의 산을 어떻게 넘었을까. 내적 칭얼거림으로 아이어른으로 멈추었을 것만 같다. 바쁘다는 말은 핑계일 뿐, 게으른 기도생활에 대한 변

명이었을 테니, 하늘나라에서 가장 낮은 자가 되어 은총의 시간을 잊어버리고 살았을 것이다.

돌이켜보니, 레지오 활동을 통해 은총의 시간을 갖게 된 것이 영적 성장에 충분히 보탬이 되었다. 교회의 다른 분야에도 참여를 하면서 가랑잎에 옷 젖듯이 천주교 신자 냄새가 슬금슬금 스미기 시작했다. 빈 어머니 자리가 성모님의 은혜로 채워지고 자매들과 같이 가는 길에 성모님의 향기와 다소의 안정감을 채워 넣었다. 더 만족스럽고 싶은 욕구로부터 자유로우려면 아마도 죽을 때까지 기구해야 될 것 같다. 희망을 둔다는 게 요즈음 나의 행복이다. (2017. 청담성당 주보)

*쁘레시디움: 레지오 마리애의 조직 중 하나로 가장 작고 기초적인 단위

반 미사

우리 성당에 구역 반 미사가 시작되었다. 그와 동시에 구역장과 반장들의 걱정도 시작되었다. 몇 명이나 참석할까? 음식은 무얼 하지? 신부님께서는 다과정도만 준비하라 했는데 어디까지가 다과일까?

드디어 내가 속해있는 9구역 차례가 왔다. 우리 구역은 11반까지 있는데 공석인 반장이 4명이나 된다. 반장이 없는 반은 다른 반과 합쳐서 반 미사를 4번으로 정했다. 우리 반은 11반이다. 반장이 이사를 해서 내가 그 공석을 메꾸며 임시 반장을 하고 있다. 반 미사에 관한 일은 소공동체인 반 모임에서 정하기로 했다. 집을 정하는데도 난관에 부딪히고 말았다.

'우리 집은 집수리가 안 되어서…' '우리 집은 손주들 때문에…' '난 못해' 다양한 이유로 서로 피한다.

우여곡절(迂餘曲折) 끝에 아녜스형님 집이 정해졌다. 무남독녀인 아녜스형님은 치매 증상의 친정어머니를 모시고 있다. 남편은 비신자인데 성당일은 협조를 잘 해준다. 반 미사날에도 형제님은 신부님을 반갑게 맞으며 미사에 참석했다.

4월 1일 수요일 반 미사 날이 왔다. 8반은 떡, 10반은 김밥, 우리 반은 과일을 준비했다. 나는 곁들여서 샌드위치를 하고 아녜스형님 집에 가서 모든 준비를 마쳤다. 구역장은 성가책과 오늘의 미사를 준비하고, 신부님을 모셔왔다. 신부님께서는 미사 중에 음식을 하거나 다른 일에 신경 쓰는 걸 싫어한다. 우린 묵주기도를 하며 신부님을 기다렸다. 오늘 미사에서 강론 중에 신부님은 지금 이 순간 가장 고마운 사람이 생각나는 대로 돌아가며 발표하는 시간을 주었다. 대부분 사람들은 어머니에 대해 감사함을, 또는 자식들에게 감사한다고 한다.

그중 10반 반장이 말을 한다. 셋째 아이를 임신하였을 때 너무 힘들고 지쳐서 낙태를 하러 산부인과를 찾았다. 독실한 가톨릭 신자인 의사선생님은 화를 내며 돌아가라고 했단다. 선생님은 병원을 하면서 한 번도 낙태를 하지 않았다고 한다. 그래서 셋째가 태어나고 그 선생님을 지금도 잊지 못한단다. 그런 선생님이 있다는 것이 감동이었다.

건강하고 올바르게 자란 셋째를 데리고 얼마 전 그 선생님을 찾아뵈었다면서 눈물을 흘리는 모습이 아름다웠다. 우리 반 미사는 소박하지만 느낌이 있고, 감동이 있었다.

신부님께서는 우리의 솔직하고, 아름다운 이야기를 들으시고 신자들의 자세와 예수님의 현존을 새겨주었다. 부담스럽고, 걱정스러운 것은 필요 이상으로 잘 하려다 생기는 감정이다. 신부님의 말씀을 그대로 받아들여 마음을 모아 준비하고 기도하며 기다리면 결과는 좋을 수밖에 없다.

우리 구역은 이제 웃는다. 다른 구역의 반 미사도 웃음이 기다리고 있을 것이라고 알려주고 싶다.

(2015. 청담성당 주보)

45년 된 우정

발칸반도의 작은 스위스라고 하는 슬로베니아 볼레르 성에서 호수를 바라보며 은주와 나는 흐뭇한 미소를 주고받는다.

12년 전 우리는 뉴질랜드로 여행을 갔었다. 그곳에서 이스라엘 여인들을 만났다. 그녀들은 우리와 같이 두 명이었다. 그녀들과 이런저런 이야기를 했다. 인생 선배로서 살아가는 이야기를 해주었다. 예순한 살에 친구와 한 달 간 여행을 한다고 했다.

은주와 나는 우리도 예순한 살에 환갑여행을 가자고 했다. 그리고 12년 전의 약속이 이루어졌다.

은주와 나는 같은 중학교와 고등학교를 다니면서 45년의 우정을 유지하고 있다. 서로를 배려하며 존중한다. 우린 언성을 높이거나 상처를 주는 일이 없었다.

이곳 블레드 섬은 자연환경을 보존하기 위해서 강을 직접 나룻배에 노를 젓는 방식이나, 전기로 운행하는 배, 또는 수영을 해서 강을 건너는 방식을 채택하고 있다. 그래서인지 강물은 에메랄드빛이었다. 또한 물오리가 한가로이 노닐고 있다. 절벽 위에 있는 성은 슬로베니아에서 가장 오래되었으며 전망대 역할을 한다. 동화 같은 섬이다. 우리나라였으면 이런 관광지에 모텔이나 음식점이 즐비하였을 것이다. 부럽다.

배를 타고 가는데 수영으로 강을 건너는 사람들을 발견할 수 있었다. 우린 그 사람들에게 엄지를 치켜 올리며 눈으로 인사를 했다. 배를 타고 간 곳에는 '성모마리아 승천 성당'이 있다. 사랑이 이루어진다는 '소원의 종'도 있다. 선착장에서 이어지는 99개의 돌계단이 있다. 사랑하는 남녀가 이 계단을 지나 성당에 있는 종을 울리면 행복해진다는 이야기가 전해지고 있다. 그래서 결혼식 장소로 사랑받고 있다고 한다.

나는 손자들이 '수족구'로 고생한다는 이야기를 전해 듣고 '소원의 종'이 울릴 때 손자들의 건강을 빌었다.

얼마 전에 방영된 드라마 '디어 마이 프렌즈'에서 조인성과 고현정이 춤추고 와인을 마시며, 달콤한 사랑을 나누었던 곳인 피란은 일정에 없어서 못 갔지만, 조인성이 고현정을 만나러 오다가 교통사고 난 곳에서는 내 가슴이 아팠다.

이 드라마는 2016년 TVN에서 방영되었다. 내용은 노인이 중심에 있다. 초등학교 친구들과 한결 같이 인연은 지속된다. 어느덧 나이가 들고 아름다웠던 청춘을 그리워하며 아직까지 살아 있다는 것을 보여준다. 과거의 삶은 사회구조가 여자들에겐 힘이 없었고, 가부장적이었다. 배고픔에서 벗어나려고 안간힘을 썼고, 오로지 자식들을 위해서 고스란히 한평생을 바쳤다. 나이가 드니 병이 생기고 치매까지도 오지만 이들의 우정은 변치 않는다. 여기에 젊은이의 애틋한 사랑이야기도 있지만, 나는 사람들의 소중함과 영원한 우정이 좋았다.

드라마에서처럼 은주와 나는 청소년기를 거쳐 지금까지 변치 않는 45년 된 우정을 유지하고 싶었다.

(2016)

열매 하나

청담수필 동인지를 받아본 문우들의 눈동자에서는 이슬이 맺히고, 풍요로움이 보였다. 평생 책 한 권 발간하는 게 소원이었다는 문우가 있고, 부끄럽다며 내년에는 잘 써보겠다는 문우, 만족감에 행복해 하는 문우까지 다양했다.

열매 하나 맺기까지 3년의 시간이 걸렸다. 2013년 11월에 성당에서 문학단체가 개설되어 문학에 뜻이 있는 몇 명이 모여 수필수업을 받았다. 그 후 2015년 2월 24일 '청담수필 동호회'로 조직을 개편하여 성당 내 동호회의 단체로 활동을 하고 있다.

주임신부님께서는 문화 활동을 사랑하시어 성당에서 여러 동호회가 활동을 하고, 또한 매월 한 번은 음악회가 열리고 있다. 음악회는 우리를 우아하게 하며, 아름다운 선율은 귀를 즐겁게 해준다.

2016년 9월부터 동인지 발간을 위해 작품을 수집하여, 여러 번의 수정 작업을 거치고 책으로 나오기까지 문우들은 즐거운 마음으로 임했다. 누가 시킨다고 이렇게 열심이었을까.

드디어 기다리던 책이 성당에 도착되었다. 가슴 설레고 생각만 해도 웃음을 지을 수밖에 없었다. 이 모든 것이 성령의 이끌림이 없었다면 이루어지지 않았을 것이다.

앞으로 1년에 한 권의 열매를 맺기 위해 문우들은 오늘도 밤잠을 설치며, 자신의 생각을 진솔하게 엮어간다. 평범한 것에 개성을 얹어 특화시키고, 체험을 글로써 표현할 때 생명감이 있다. 창작을 통해서 삶이 내적으로는 성찰되고, 외부적으로는 긍정적인 효과를 만들어낸다.

연로한 나이에도 선생님의 열강에 빠지지 않고 강의를 듣는 열정을 보인다. 그 모습 또한 아름답다.

열매 하나를 축하하며 신부님을 모시고 조촐하지만 마음은 풍성한 출판기념회를 열었다. 이날 문우들 한 사람 한 사람 소감을 들었다. 청담성당의 문우 10명과 선생님의 또 다른 제자 장애인 3명, 모두 13명이 책을 엮으면서 화합의 장을 이루었다.

3년간의 사진을 정리하며 포토북을 만들었다. 문학기행으로 소나기 마을과 경기도청의 벚꽃 아래서 시 낭송을 하며, 즐거운 시간을 보냈다. 하늘공원에서 양산을 밥상으로 만들어 간식을 먹던 일, 서산 한산모시 축제에서 한산모시짜기 체험장에서는 책으로만 봤던 현장을 경험하게 되었다.

이러한 경험들을 잘 재단하고, 보물처럼 빛나는 기억의 역사에 균형 잡힌 삶을 수필로 묘사하고, 새로운 내일을 기대한다.

(2016)

호두와 곶감처럼

- 사랑하는 딸 부부에게

나 어릴 적, 어머니는 수정과에 호두를 넣은 곶감을 띄워 손님상에 내놓았다. 나는 신기해서 그 곶감 속을 파며 모양을 살피고 맛을 보았다. 달작지근한 곶감 맛과 쌉싸름한 호두의 맛이 어우러져 별들의 속삭임을 들을 수 있었다.

별들은 어머니의 손가락에 끼어 있는 어떤 보석보다도 더 빛이 아름답다. 곶감 속에 감추어진 호두도 곶감에게는 진품 인연이다. 곶감과 호두가 서로 어우러져야 새로운 맛을 창조하니 서로 멋진 맛의 화합이다.

언제부터 생긴 음식인지 알 수 없으나, 호두곶감쌈은 혼례 때 폐백음식으로 많이 올라간다. 폐백은 신랑 신부가 혼례를 마치고 친정을 떠나, 시부모와 시댁 어른들에게 큰절을 하고 올리는 음식이다. 며느리의 큰절을 받은 시부모는 자식을 많이 낳으라고 밤과 대추를 던져준다. 폐백을 통하여 신부는 신랑 집안의 새로운 성원임을 조상과 친척, 이웃에게 알리게 된다.

이제 얼마 남지 않았다. 꽃처녀 내 딸이 결혼하는 날이….

혼수를 장만하고 폐백음식도 준비되었다. 딸을 보낼 생각을 하니 허전함과 쓸쓸함을 감출 수가 없다. 호두곶감쌈이 만들어질 때, 호두가 바깥으로 비어져 나오지 않도록 꼭꼭 말아 잘 마무리한다. 서로에게 호두곶감쌈이 되고, 호두의 맛과 곶감 맛처럼, 서로 어우러져 멋진 가정의 맛을 내며 행복하게 살기를 바란다.

(2014년 4월 12일 엄마)

백일간의 기도, 천오백 년의 사랑

- 한산모시 문화제와 목은문화한마당 축제

수필반 문학기행으로 '한산모시 문화제' '목은문화한마당 축제'에 다녀왔다. 한산모시짜기가 세계 인류무형문화유산으로 지정받고 이를 기념하기 위해 '백일간의 기도, 천오백년의 사랑'이라는 주제로 제27회 한산모시문화제를 개최하였다.

예술 공연단의 국악공연과 문화행사로 서천군 지역 초·중부 사생(풍경화)대회, 글짓기가 있었다. 국악공연으로는 민요, 창, 국악공연단의 태평무와 퓨전국무 민요등 김순녀 명창과 고수 김뻐국이 출연했다.

점점 사라져가는 우리의 문화를, 국악공연단은 전통춤과 현대무용을 콜라보레이션 하였다. 전통문화의 공감대를 형성하려는 모습이 아름다웠다.

우리나라 전통음악이나 국악기의 음률을 들으면 소박하고 애틋하고 고요한 맛까지 풍긴다.

젊었을 때는 통기타와 팝송을 들으며, 빈티지한 차림으로 기타를 메고 친구들과 어울려 다니며 젊음을 구가했다. 외국의 유명한 가수(클리프리처드, 탐존슨)가 내한을 하면 열광하며 그 공연을 보러 다녔다.

어머니는 조용필의 열렬한 팬이었다. 조용필이 극장에 쇼를 한다고 하면, 그날 우리 4남매는 저녁도 굶고 엄마를 기다려야 했다. 흥분해서 돌아온 엄마는 그때서야 우리들이 보이는지 화장을 지우고 먹을 것을 주었다. 그땐 엄마를 이해하지 못했다.

그래서인지 엄마는 내가 좋아하는 가수가 콘서트를 하면 다녀오라고 티켓까지 끊어 주었다. 어머니 덕분에 문화생활을 즐겼다. 지금도 영화나 뮤지컬, 전시 등을 많이 관람한다. 외국여행을 하게 되면 박물관이나, 전시장을 찾아다닌다. 또한 그림이나 사진작품 등을 전시하기도 한다.

한산모시짜기 체험장에서는 책으로만 봤던 현장을 경험하게 되었다. 모시짜기는 노동의 과정이 실로 피력하기가 힘들다.

옷감이 되기까지는 모시풀을 재배하고 모시풀을 수확하며,

모시풀의 속껍질을 햇볕에 말리고 물에 적시는 과정을 네다섯 번 번갈아하면 모시의 최초 섬유질인 태모시다. 태모시를 이로 쪼개서 모시섬유의 굵기를 일정하게 모시째기를 거쳐 모시섬유 한뭉치를 '쩐지'라는 버팀목에 걸어놓고 한올씩 빼어 양쪽 끝을 무릎에 맞이어 손바닥으로 비벼 연결시켜 광주리에 차곡차곡 사려놓는 모시심기를 한다.

서천 여인네들의 입술과 무릎, 손바닥은 곱디 고은 모시옷과는 전혀 다른 문화적 충격이다. 한산모시옷은 단아하며 시원하고 속이 살짝 비치는 신기한 매력이 있다. 하지만 모시옷은 손질하기 어려울뿐더러, 값이 비싸고 나이 많은 사람이 입는 것 같아서 평소 관심밖이었다.

그러나 명품 중에 명품이다. 피와 땀으로 한 땀 한 땀 정성을 들여 만든 한산 모시옷은 천 오백년의 역사를 이어오고 있다. 고려시대에는 명나라 공물로 바쳐졌고, 조선시대에는 진상품으로 명성이 떨친 서천의 대표 특산품이기도 했다.

그 전통과 기술을 보급하고 알리기 위해 축제를 한단다. 옛것을 오늘날에 실현하는 저산팔읍 길쌈놀이, 전통혼례, 모시옷 패션쇼 등을 하고, 다른 한쪽에서는 한산 이씨 가문의 대표적인 인물, 목은 이색의 정신(마음은 텅 빈 하늘과 같고, 맑은 거울과 같다)을 연계행사로 문헌서원 문화 축제를 하고 있었다.

목은 이색 선생은 드라마 '정도전'과 '육룡이 나르샤'에서 정도전의 스승으로 나와서 관심이 끌고 있다. 목은 선생은 정도전, 정몽주의 스승이다. 고려 삼은(三隱) 중 한 분이다. 고려 삼은은 목은 이색, 포은 정몽주, 야은 길재이다. 이 세 분의 호가 은자로 끝나서 삼은이다. 이분들은 성리학의 기초를 확립하였다.

고려의 신진사대부로, 조선의 건국을 반대하며 신하가 두 명의 임금을 섬길 수 없다고 하여 고려가 망하자 지조를 지켰다.

나는 수필반 회원들에게 모시양발을 준비하였다. 그것을 들고 회원들의 입가에는 미소가 번졌다.

우리가 그곳에서 새로운 지방문화축제와 한 가문의 종친회의 행사를 경험하게 된 것도 한산 이씨의 후손과 인연지은 덕분이며 내가 이 글을 쓰는 것은 수필과 인연 맺은 덕분이니 인연이 나를 만들어간다는 것을 새삼 느낀다. 그날 우리가 보고 느낀 대로 내 개인 역사와 접목되어 새로운 그림이 내 안에서 만들어졌을 것이란 생각이다. 나는 글로 표현해보았지만 그날의 문학기행이 각자 어떤 언어가 되어 우리 곁을 찾아올 것인지 기대된다. 특기할만한 것은 행사를 통해 단편적이나마 '목은'에 대해 예전보다 조금 깊이, 조금 자세히 알게 되었으니 역사 속의 그 이름은 오래 잊히지 않을 성싶다.

(2016. 韓山李氏大宗報 큰뫼)

2017년의 시간 속에서

다양한 시간을 보낸 1년을 기록으로 더듬어 본다.

눈을 떴다 감으면 일주일이 훌쩍 지나가 버리는 것을 느낀다. 나이가 60이면 시속 60㎞로 달린다고 했던가. 그 말이 실감이 나는 요즘이다. 스쳐지나가는 인연이라 생각했던 시간이었다. 내 나름대로 생각이지만 우연에서 필연의 인연이 된 분으로부터 글쓰기를 제안 받았다.

처음에는 필요해서가 아니라, 그냥 한번 해보자는 마음이었다. 어설프지만 한 편, 두 편 글을 썼다. 문학과 영성이 깃든 선생님의 강의를 듣다가 해답을 찾았다. 글을 쓴다는 것이야말로 나에게 필요하다는 것을 깨달았다.

내 마음에 갇힌 감성이 글속에 녹아내리는 느낌을 받았다. 부산하게 움직이는 나는 글을 쓰면서 차분해지며 겸손이라는 단어를 접할 수 있었다.

드디어 『문학시대』로 등단을 하게 되었다. 등단을 하니 그 중압감이 나를 짓눌렀다. 글을 잘 써야 한다는 부담감이 생겼다. 어느 독자는 글 잘 읽었다고 위로의 글을 남겨주었다. 어느 독자는 내가 하는 일에 관심을 보였다. 내가 쓴 글이 세상 밖으로 나가는 순간, 내 볼은 화끈거리며 허공을 떠다니는 느낌이었다. 한편으로는 입 밖으로 나오는 웃음을 참을 수 없어 실없는 사람처럼 웃고 다니기도 했다.

남편은 23년간 하던 사업을 접었다. 아이들은 은퇴식을 해주었다. 가족과 친지, 아버지의 친구분을 초대해서 그동안 고생한 아버지에게 고맙고 사랑한다고 했다. 아름답고 화려한 은퇴식이었다.

또한 경기미술대전에서 수채화부문 입상을 했다. 학창 시절에 한 번도 그림에 소질을 보인 적이 없었다. 생각해 보니 친정 큰아버지 두 분이 화가였다는 사실을 잊고 살았다. 어릴 적 큰아버지가 전시를 하면 전시장을 가서 뭔지 모르지만 그림을 보며 자란 기억이 있다.

딸의 두 번째 임신소식이 왔다. 요즘은 저 출산으로 인구위기 상황까지 걱정하는데 딸의 임신은 희소식이다. 아무 탈 없이 산모와 아이 모두 건강하게 출산하기를 바란다.

신부님이 부임하셔서 구역미사를 하게 되었다. 우리 구역의 구역장이 조심스레 말을 한다. 내 집에서 구역미사를 하자는 제안이다. 난 정성을 다해 미사 준비를 했다. 음식도 완벽하게 준비해서 모두들 행복한 미사를 봤다.

남편과 딸 그리고 손녀와 베트남 여행에서 위경련 때문에 응급실로 실려 갔던 일은 너무 아픈 추억이다.

여행을 갈 때 친구와 함께 가면 즐겁고 재미있다. 남편하고 함께하는 여행은 부담이 없다. 우선 집 걱정이 없어서 좋다. 여행품목을 꾸리는 것도 나누어서 한다. 심적으로 편안한 여행을 할 수 있다. 베트남 여행할 때 위통으로 응급실 갈 때도 남편이 옆에 있어서 마음이 든든했다.

이태리 여행을 남편과 함께했다. 글을 쓰기 시작한 후 여행 중에 한 가지 습관이 생겼다. 책을 서너 권 가져가서 읽는데 현지 가이드에게 책을 선물한 것은 값진 일이었다.

어릴 적 살던 집을 찾아갔다. 기억을 거슬러 나의 어린 시절 그 집에서의 일들이 오버랩 되면서 내 시야가 흐려졌다. 그 집은 기가 세다고 했다. 아버지와 동생이 그 집에서 세상을 떠났다. 집은 2층 양옥집이었는데 헐고 새로 지을 준비를 하고 있었다. 공사하는 사람에게 물어보니 집터가 세어 절을 지을 것이라 했다. 아쉬움이 남았다.

두 번째 청담수필이 발간되었다. 신부님을 모시고 출판기념회와 선생님의 고희연까지 곁들여 준비하니, 흥분으로 가득한 날이었다.

물향기 수채화 정기전이 시작되었다. 1년 동안 6편의 작품을 그렸다. 정성을 다 해 그린 그림이 굴레를 벗어나는 날이었다.

남편은 우리나라 성지순례를 하자고 했다. 그것이 버킷리스트 중의 하나라고 하면서 같이 다닐 것을 종용했다. 나도 마음에 두고 있던 터라 성당 성지순례 동호회에서 진행하는 성지순례를 곡성성지, 천호성지를 시점으로 다녀왔다.

2017년을 돌아보니 새로운 일, 아픈 일, 보람된 일도 있었지만, 세상 밖으로 내 글이 태어난 일과, 내 딸이 회임을 한 것이 복된 기억으로 남은 것 같다.

(2018)